ALFRED HITCHCOCK

Ein Hauch von Gift

KRIMI-KNÜLLER BAND 5

Schneider-
Buch

Inhalt

Das Gedächtnisgenie

„Okay, Mr. Perkins, die nächste Frage: Wie hoch ist der Mount Everest?“

Leroy Perkins hob sein Glas und starrte auf den nassen Ring, den es auf der Theke hinterlassen hatte. „Achttausendachthundertachtundvierzig Meter“, antwortete er beiläufig.

„Sieh nach, ob es stimmt, Sam“, sagte einer der Männer am Tresen.

Der Barkeeper schlug den Welt-Almanach auf. „Nichts zu machen“, sagte er. „Stimmt haargenau.“

„Noch eine Runde, Leroy?“ fragte Jake Underwood. Jake, Perkins' Nachbar, war ein hagerer Mann um die Sechzig. Die beiden trafen sich jeden Abend auf einen Schluck.

„Lieber nicht, Jake. Das war schon unsere dritte.“ Perkins warf einen prüfenden Blick in den Spiegel hinter der Bar. Sein Gegenüber sah ihn schon mit leicht glasigen Augen an, ein deutliches Zeichen dafür, daß er für heute genug getrunken hatte.

Sam hatte eine neue Seite aufgeschlagen. „Nenn mir Lou Gehrigs Durchschnittsschlagleistung beim Baseball im Jahre 1925."

Perkins gähnte. Ein Blick auf seine Taschenuhr sagte ihm, daß es bereits elf Uhr war. Alice stand bestimmt schon am Fenster und wartete, daß er hinter der Straßenecke auftauchte. Laß sie warten, dachte er gereizt. Ich bin ein Mann, und ich kann, zum Teufel noch mal, nach Hause kommen, wann es mir paßt. „Zweihundertfünfundneunzig", erwiderte er knapp.

„Gut", meinte ein anderer. „Und wie viele aufeinanderfolgende Spiele hat er gemacht?"

„Zweitausendeinhundertdreißig."

„Genau so steht's hier", sagte Sam. „Was für ein Gedächtnis!"

Perkins verzog seinen schmalen Mund zu einem Grinsen. Ja, was für ein Gedächtnis! Manchmal wunderte er sich selbst. Seit seiner frühesten Kindheit hatte er sein scheinbar unbegrenztes Erinnerungsvermögen dafür benützt, andere zu amüsieren oder zu verblüffen. Es war, als habe die Natur ihn für seinen schmächtigen Körperbau, seine schwache Gesundheit und seine kurzsichtigen Augen entschädigen wollen. Gelegentlich bereute er, sein phantastisches Gedächtnis nicht berufsmäßig eingesetzt zu haben. Doch das hätte Alice nie zugelassen. Er konnte sich ihre bissigen Bemerkungen nur zu genau vorstellen. Bist du völlig übergeschnappt? Sollen die Leute denken, ich sei mit einem Hanswurst verheiratet?

„Los, laß uns noch einen heben“, flüsterte ihm Jake zu. „Alice wird schon nichts merken.“

„Tut mir leid, Jake. Drei am Abend. Das ist und bleibt meine Grenze.“

„Es waren auch schon mal mehr, wenn du ehrlich bist“, knurrte Jake.

„Nur zweimal, und das liegt mindestens ein Jahr zurück. Außerdem waren es da auch nicht mehr als vier Drinks.“

Jake machte ein mürrisches Gesicht und rutschte von seinem Hocker. „Wenn keiner mit mir trinken will, dann geh ich eben nach Hause. Clara macht mir sowieso die Hölle heiß, wenn ich nicht um halb zwölf zurück bin.“

Perkins schaute ihn nicht an und tat so, als hätte er seine Bemerkung überhört. Gewöhnlich verließen sie gemeinsam die Bar. An diesem Abend jedoch lehnte sich etwas in ihm auf, und er wollte um jeden Preis bleiben. Sollte sich Alice doch auf den Kopf stellen. Sollte sie doch ...

„Bis morgen, Jake“, sagte er nur.

„Okay, Leroy. Gute Nacht.“

Jake verschwand. Andere Männer folgten seinem Beispiel, leerten hastig ihre Gläser und verließen das Lokal.

Perkins heftete seinen Blick auf den Betrunkenen, der schon seit Stunden allein am anderen Ende der Theke stand. Sein unrasiertes Kinn ruhte auf dem Rand eines Glases. Perkins war aufgefallen, daß der Mann seit etwa einem Monat ziemlich regelmäßig in der Bar aufkreuzte. Jedesmal saß er am selben Platz, bestellte billigen Bourbon und beobachtete die Männer bei ihrem allabendlichen Quiz.

Sam machte sich daran, die Theke sauberzuwischen. „Vielleicht solltest du besser auch heimgehen, Perkins", sagte er grinsend. „Alice wird dir sonst wieder 'ne schöne Szene machen."

„Das wird sie nicht", erwiderte Perkins laut. Er stellte zu seiner Befriedigung fest, daß der Alkohol seinen Mut um einiges gesteigert hatte und seine Stimme dadurch kräftiger und bestimmter klang. „Sie kriegt eine Tracht Prügel von mir, wenn sie's auch nur wagt, den Mund aufzumachen."

Der Barkeeper kehrte ihm den Rücken zu, doch Perkins erhaschte sein spöttisches Lächeln im Spiegel. Er macht sich über mich lustig, dachte er. Er muß mich für einen Narren halten. Jeden Abend sieht er mich hier mit Jake hocken, schaut zu, wie wir unser albernes Spielchen spielen und hört uns über Alice und Clara schimpfen. Zwei Pantoffelhelden, die ihren Mut aus der Flasche saugen.

Rot vor Scham glitt Perkins von seinem Hocker und zahlte eilig seine Zeche.

„Okay, ich mach mich auf den Weg. Nacht, Sam."

„Nacht, Perkins. Und lauf nicht zu schnell." Sam lachte und zwinkerte dem angetrunkenen Gast zu.

Perkins trat auf die Tür zu. Er hätte, wie immer, mit Jake aufbrechen sollen, dann wäre ihm dieser peinliche Zwischenfall erspart geblieben. Als er schon den Türgriff in der Hand hatte, hörte er eine Stimme hinter sich. „Mr. Perkins?"

Verdutzt drehte er sich um und sah den unbekannten Betrunkenen auf sich zukommen. „Was wollen Sie?"

Der Fremde deutete auf einen Tisch in der Ecke. „Setzen wir uns. Ich möchte mit Ihnen sprechen."

Sicherlich will er sich Geld von mir ausborgen, dachte Perkins. „Tut mir leid, ich hab's eilig", sagte er. „Meine Frau erwartet mich."

„Es wird nicht lange dauern."

Perkins starrte ihn an. Der Mann war noch jung, etwa achtundzwanzig oder neunundzwanzig, und ziemlich liederlich gekleidet. Das Erstaunliche war, daß er nicht ein bißchen betrunken aussah. Seine Augen waren klar und fixierten sein Gegenüber.

„Setzen Sie sich." Der Mann nahm am Tisch Platz.

Perkins gehorchte zögernd. „Was ist los?"

„Ich war in letzter Zeit ziemlich regelmäßig hier. Ist Ihnen das aufgefallen?"

Perkins nickte stumm. Hinter sich hörte er Sam die Gläser spülen.

„Ich hab Ihr Spielchen mit dem Barkeeper beobachtet. Hut ab! Wie können Sie sich all das merken?"

„Ich... ich weiß selbst nicht. Ich merke mir eben alles, was ich einmal gelesen oder gehört habe."

Verschiedene Lichter gingen aus; der Tisch lag jetzt fast im Dunkeln, und Perkins wurde immer unbehaglicher zumute.

„Ich wette, Sie sind ein richtiger Bücherwurm", fuhr der Fremde fort. „So halten Sie sich Alice vom Hals, stimmt's? Ist ja auch nicht auszuhalten mit ihr."

Perkins antwortete nicht.

„Zur Sache. Ich habe gehört, wie Sie sich Abend für Abend über Ihre Angetraute beschweren. Das muß ja ein Besen sein! Wollen Sie sie loswerden?"

Die letzten Worte, die so beiläufig gefallen waren, als ginge es um die alltäglichste Sache der Welt, ließen Perkins zusammenfahren. Er schluckte zweimal, bevor er die Sprache wiederfand, und spürte, wie ihm das Blut in den Kopf schoß. „W ... was sagten Sie? Ich versteh nicht", stammelte er.

„Ich hab gefragt, ob Sie sie loswerden wollen. Und zwar für immer."

Perkins erhob sich hastig. „Ich muß jetzt wirklich gehen."

„Sie haben meine Frage noch nicht beantwortet."

„Ich ... ich weiß gar nicht, worauf Sie hinauswollen."

„Natürlich wissen Sie das."

„Wir schließen, Perkins", rief Sam. „Du willst doch wohl nicht, daß Alice dich abholt!"

Perkins ging eilig auf die Tür zu.

„He!" rief der Fremde. „Warten Sie 'ne Sekunde."

Perkins schlug die Tür hinter sich zu und hastete die menschenleere Straße hinunter. Ich hätte mit Jake heimgehen sollen, dachte er wieder. Dann wäre das alles nicht passiert. „Wollen Sie sie loswerden? Für immer?" Die

Worte des Fremden dröhnten in seinen Ohren. Er versuchte sie aus seinem Gedächtnis auszulöschen, doch es gelang ihm nicht. Als er zu Hause ankam, wartete Alice bereits auf ihn.

Am folgenden Tag, nach dem Abendessen, saß Perkins erschöpft im Wohnzimmer. Es war Samstag, und Alice hatte ihn den ganzen Keller streichen lassen. Seine Glieder schmerzten vom Leiterklettern und von den akrobatischen Verrenkungen, die er gemacht hatte, um sämtliche Stellen des feuchten Mauerwerks zu erreichen. Es graute ihm vor dem Sonntag, denn gleich nach dem Kirchgang würde Alice ihn wieder in den Keller schicken, damit er die zweite Farbschicht auftrug.

Leise, auf Zehenspitzen, schlich er zur Garderobe und griff sich Mantel und Hut. Es würde ihm guttun, bei Sam vorbeizuschauen. Vom Barhocker aus konnte man so schön auf die „Welt" herabschauen und seine Alltagssorgen vergessen.

„Leroy?" ertönte Alices schrille Stimme. „Wohin willst du gehen?"

„Nur kurz Sam einen Besuch abstatten."

„Nicht heute abend. Du mußt noch den Keller zu Ende streichen."

„Alice", begann er flehend, „mir bleibt doch noch der ganze Sonntag zum . . ."

„Morgen mußt du im Garten arbeiten. Also zieh bitte deinen Mantel aus und tu, was ich dir sage."

Perkins seufzte resigniert. Es war sinnlos, mit ihr zu

streiten. Er hatte es bestimmt fünfzigmal in seinem Leben versucht. Das Ergebnis war stets verheerend gewesen. Also hängte er Mantel und Hut an den Garderobenständer und schlug die Kellertür hinter sich zu.

„Kannst du nicht leiser sein!" rief Alice ihm nach.

Perkins ging langsam die Stufen zum Keller hinunter. Eine nackte Glühbirne warf ihr kaltes Licht auf die halbfertigen Wände und die klebrigen Kanister mit frischer Farbe. Sein Overall lag wie ein zusammengesunkenes Zelt auf dem Zementboden. Es stank nach Terpentin und Schweiß. Durch den aufdringlichen Farbgeruch wurde ihm schwindlig. Nein, es war unmöglich. Er würde heute abend keinen Pinsel mehr anrühren!

Er schlich zur Tür, die auf den Hinterhof führte, und lauschte. Alice war oben in der Küche und ließ Wasser ins Waschbecken laufen. Lautlos öffnete er die Tür und huschte an der Hauswand entlang. Er trug keinen Mantel, und der eisige Abendwind strich über seine bloßen Arme. Am Küchenfenster angelangt, duckte er sich. Dann schlich er an der Garage vorbei und trat auf die Straße.

„He, Leroy!"

Perkins fuhr erschrocken herum, doch dann atmete er erleichtert auf. Eine ihm wohlbekannte Stimme drang aus Jake Underwoods Haus. Es war Jake. Perkins konnte deutlich die glühende Spitze von Jakes Zigarre erkennen, die sich über den Geranienkästen am Verandageländer hin und her bewegte. „Ich komme mit, Jake", flüsterte er.

★

„Wie weit ist es vom Rio de la Plata bis nach Buenos Aires?"

„Hundertfünfundsiebzig Meilen", antwortete Perkins. Er sah unauffällig zu dem Betrunkenen hinüber und merkte, daß ihn dieser beobachtete. Sein stetiger, durchdringender Blick verunsicherte ihn.

Sam lächelte. „Einfach nicht zu glauben. Täuschst du dich denn nie?"

„Anscheinend nicht." Perkins warf einen Blick auf Jake, der seinen Kopf auf die Theke gelegt hatte und leise vor sich hin schnarchte. Zuviel Scotch, dachte Perkins. Er trinkt jeden Abend mehr – armer Kerl.

Als er aufsah, hatte der Betrunkene neben ihm Platz genommen. Sam stand am anderen Ende des Tresens und bediente einen Gast.

„Haben Sie sich meinen Vorschlag durch den Kopf gehen lassen?"

Perkins saß eine Weile schweigend da. Dann nickte er zaghaft.

„Und?"

„Und was?" Perkins warf einen prüfenden Blick auf Jake, doch der alte Mann schien noch immer tief und fest zu schlafen.

„Sie müssen etwas springen lassen", sagte der Betrunkene.

„Wieviel?"

„Einen Tausender in bar."

Perkins leerte sein Glas mit einem hastigen Schluck.

„Das . . . das ist völlig ausgeschlossen. Ich könnte niemals so viel Geld lockermachen."

„Achthundert."

„Immer noch viel zuviel."

Jake begann sich zu rühren.

Der Betrunkene wurde nervös. „Hören Sie, wir können hier nicht sprechen. Treffen Sie mich in zehn Minuten draußen. Ohne Ihren Freund." Er ging zur Tür, öffnete sie und trat auf die Straße.

„Wie wär's mit einer neuen Runde, Leroy?" fragte Jake mit schwerer Zunge.

„Ich hab meine drei gehabt, Jake. Tut mir leid, aber ich muß gleich gehen. Du weißt, ich muß den Keller fertig streichen.

„So spät noch?" fragte Jake.

„Ja."

Perkins wartete genau zehn Minuten, dann verabschiedete er sich von Jake und Sam.

Der Betrunkene wartete auf ihn, an eine Mauer gelehnt. „Am besten steigen wir in einen Bus, Perkins", sagte er. „Niemand darf uns zusammen auf der Straße sehen."

Sie kletterten in den ersten Bus, der vorbeifuhr. Der Betrunkene ließ Perkins die Fahrkarten lösen. Der Bus war fast leer, und sie nahmen auf der hintersten Bank Platz.

„Lassen Sie uns also zum geschäftlichen Teil kommen", sagte der Betrunkene. „Wieviel können Sie auftreiben?"

„Fünfhundert Dollar", antwortete Perkins.

„Sind Sie verrückt? Für eine derart lächerliche Summe riskiere ich doch nicht Kopf und Kragen!“

„Mehr kann ich aber beim besten Willen nicht zusammenkratzen.“

Der Betrunkene starrte durchs Fenster. Der Bus hatte inzwischen das Stadtzentrum verlassen und rollte durch ein Neubauviertel. Unvermittelt wandte sich der Mann wieder Perkins zu. „Wieviel Schmuck besitzt Ihre Frau?“

„Eine Halskette, einen Ring und ein Armband – alles Erbstücke. Warum?“

Der Betrunkene legte seine Füße auf die gegenüberliegende Sitzbank. „Wieviel sind sie wert?“

„Nun, wir haben sie vor ein paar Monaten schätzen lassen.“

„Erinnern Sie sich noch, wieviel ...“

„Vierhundertachtzig Dollar“, sagte Perkins wie aus der Pistole geschossen.

Der Betrunkene lachte. „Ich hatte Ihr einmaliges Gedächtnis vergessen. Okay, ich nehme den Schmuck und dazu die fünfhundert. So werden die Bullen garantiert auf Raubmord tippen.“

„Oh, ich verstehe“, sagte Perkins.

„Wann paßt es Ihnen am besten?“

„Wann es mir paßt?“ Perkins war einen Augenblick lang völlig verwirrt. Es kam ihm alles so unwirklich vor, doch die Frage nach dem genauen Termin brachte ihn wieder in die Wirklichkeit zurück. „Sagen wir, nun, sagen wir, Montag nacht. Jake und ich werden wie immer bei Sam sitzen, während Sie..., na ja, Sie wissen schon."

„Keine schlechte Idee. Wenn die Kripo die Angelegenheit überprüft, werden Sie ein perfektes Alibi vorweisen können. Sagen Sie, wie lange treffen Sie sich jetzt schon allabendlich in Sams Bar?"

„Seit drei Jahren, zwei Monaten und fünfzehn Tagen", antwortete Perkins mechanisch.

„Donnerwetter! Nun, wie ich schon sagte, es ist ein perfektes Alibi. Wann können Sie die fünfhundert Mäuse lockermachen?"

„Ich hebe sie Montag von meinem Konto ab."

„Gut. Und wie komme ich an das Geld?"

„Ich stecke es in die Tasche meines Overalls, im Keller. Alice wird dort nicht rumschnüffeln."

Der Betrunkene erhob sich und beugte sich schwankend über Perkins.

„Ich steige jetzt aus. Ich gebe Ihnen meine Telefonnummer, für den Fall, daß etwas schiefläuft."

Perkins ließ sich die Telefonnummer des Betrunkenen sagen, noch immer verblüfft über den kühnen Schritt, zu dem er sich hatte verleiten lassen. Der Handel war perfekt. Alles schien klar und einfach. Ein kurzes Gespräch während einer Busfahrt, und wenig später, genauer gesagt Montag abend, würde Alice ins Jenseits befördert werden und ihm nie wieder zur Last fallen können.

„Noch irgendwelche Fragen?"

„Nein." Perkins griff in seine Hosentasche. „Hier, mein Haustürschlüssel."

„Ich will keinen Schlüssel. Es soll doch nach einem Einbruch aussehen. Ich schlage ein Fenster ein."

„Verzeihung", meinte Perkins. „Ich bin eben ein Amateur in diesen Dingen."

Der Betrunkene lächelte. „Sie dürfen nur eines nicht vergessen: Sie verlassen Montag abend Punkt neun Uhr Ihr Haus und gehen schnurstracks zu Sams Bar. Ich verlasse meine Wohnung um halb zehn und bin gegen zehn bei Ihnen. Ist das klar?"

Perkins nickte. Er wollte schon seine Hand ausstrekken, wurde sich jedoch klar, daß diese Geste wohl fehl am Platze war. Er sah dem Betrunkenen nach, der den Bus verließ und in eine Seitenstraße einbog.

Am folgenden Abend, nach dem Essen, läutete Perkins' Telefon. Er hatte sich gerade auf seinem Bett ausgestreckt und erholte sich von der anstrengenden Maler- und Gärtnerarbeit des Tages. Plötzlich, während er Alices hochhackige Schuhe über das Parkett im Wohnzimmer klappern hörte, schoß es ihm durch den Kopf, daß *er* es sein könnte. Voller Panik rief er „Ich geh schon ran, Alice!" und griff nach dem Hörer. „Hallo!"

„Perkins?"

Es war die Stimme des Betrunkenen, daran bestand kein Zweifel.

„Sie hätten um Himmels willen nicht anrufen dürfen", flüsterte Perkins.

„Sprechen Sie lauter. Ich versteh Sie nicht."

„Ich sagte, Sie hätten mich nicht zu Hause anrufen dürfen. Wir haben einen Nebenanschluß, und meine Frau könnte sich einschalten."

Es entstand eine kurze Pause. „Nun, was meinen Sie, hört sie gerade zu oder nicht?"

„Ich glaube nicht."

„Okay. Ich fasse mich kurz. Ich will mehr Geld."

Perkins holte zweimal tief Luft. „Aber ich sagte Ihnen doch ..."

„Zweihundert mehr. Die werden Sie wohl noch auftreiben können."

„Nein, das kann ich eben nicht. Ich dachte, diese Frage sei längst geklärt."

„Siebenhundert Piepen in bar, Perkins. Schließlich kann ich den Schmuck nur zum Hehlerpreis loswerden. Und außerdem nehme ich ein enormes Risiko auf mich."

Perkins hastete zur Schlafzimmertür und zog sie leise zu. Dann rief er zornig in den Hörer: „Okay, aber das war ein schmutziger Trick von Ihnen."

„Sie stecken das Geld in den Overall, klar?"

„Verstanden."

„Also, morgen nacht ist es soweit." Die Verbindung brach ab.

Perkins legte den Hörer auf die Gabel und ließ sich aufs Bett zurückfallen. Sein Herz klopfte heftig, seine Hände waren eiskalt. Und wenn etwas schiefgeht? dachte er. Angenommen, Alice beschloß, eine Freundin aufzusuchen, und war gar nicht zu Hause, wenn der Betrunkene einbrach ... Nein, daran wollte er nicht denken! Außerdem hatte er selbst ja ein perfektes Alibi. Montag abend würde wie jeder andere Abend sein. Er würde mit seiner Frau essen, gemütlich zu Sam hinüberschlendern, ein paar Drinks nehmen und, wie immer, sein Gedächtnisspiel spielen. Er rollte sich auf die Seite und versuchte zu schlafen.

„Eine neue Frage für dich, Perkins!" sagte Sam. „Wie viele Stimmen erhielt Buchanan 1856 gegen Fremont und Fillmore?"

Perkins nippte genußvoll an seinem Glas und schaute in die Runde. Die Männer hatten dieses Spielchen jetzt seit Jahren Abend für Abend verfolgt. Trotzdem waren sie noch immer fasziniert. „Eine Million, achthundertdreißigtausendeinhundertneunundsechzig", antwortete er schließlich.

Sam schlug den Almanach zu. „Richtig", sagte er und legte das Buch beiseite.

Die Zuhörer riefen Perkins anerkennende Worte zu, einige klopften ihm sogar auf die Schulter. Er lächelte sie an und warf einen heimlichen Blick auf seine Uhr. Es war fast neun Uhr fünfzehn. Um halb zehn würde der Betrunkene aufbrechen, um seinen Job zu erledigen.

Perkins bestellte einen neuen Drink und ließ das Eis klirren. Heute würde er sich mehr als drei Gläser genehmigen. Er fühlte sich heiter und beschwingt. Sam hatte Tür und Fenster geöffnet, und die frische Brise trug den

Duft von Gras und einen Hauch von Frühling in den stickigen Raum. Es würde großartig sein, sich frei zu fühlen, dachte Perkins. Wie ein Luftballon im Wind... Er würde das Haus verkaufen und eine Junggesellenwohnung in der Nähe des Parks mieten. Vielleicht würde er sich ein Auto leisten, ein günstiges Sportwagenmodell wäre nicht schlecht. Den Betrunkenen hatte er ganz schön an der Nase herumgeführt. Wenn er diesem die siebenhundert Dollar gab, blieben ihm immer noch mindestens zweitausend Dollar auf dem Sparkonto, die er gleich nach Alices Beerdigung abheben würde. Dann könnte er seinen Job bei der Versicherungsgesellschaft aufgeben und als Gedächtnisgenie auftreten. Alles war jetzt möglich; er würde nur noch tun, wozu er Lust hatte...

Er nahm einen kräftigen Schluck und schaute auf. Sein Freund Jake hatte soeben die Bar betreten. „Leroy!" rief er. „Leroy!"

„Was ist los, Jake?"

Jake nahm neben ihm auf einem Barhocker Platz. Sein Gesicht glühte vor Aufregung. „Du wirst es nicht glauben", keuchte er.

„Beruhige dich. Was werde ich nicht glauben?"

„Ich habe über den Zaun geschaut, bevor ich hierherkam. Da stimmte was nicht!"

„Wovon redest du? Ich verstehe kein Wort."

„Da wimmelte es nur so von Bullen", fuhr Jake fort. „Alice hat ihnen die Tür geöffnet und sie reingelassen. Sie warten auf jemanden, Leroy. Ja, genau, das muß es sein."

Perkins grub seine Fingernägel in das Holz der Theke. Alice mußte das Telefongespräch auf dem zweiten Apparat belauscht haben! Sie hatte die Polizei alarmiert, und der Betrunkene würde den Beamten direkt in die Arme laufen. Somit war alles aus und vorbei. Der Betrunkene würde ihn verpfeifen, und er, Perkins, würde im Gefängnis landen. Alice würde sich diebisch freuen. Nichts wäre ihr lieber, als ihn hinter Gittern zu wissen.

Doch halt! Er schaute auf seine Uhr. Es war erst neun Uhr zwanzig. Erst in zehn Minuten würde der Betrunkene das Haus verlassen. Es war also noch Zeit, ihn anzurufen und zu warnen.

Perkins sprang von seinem Barhocker und warf ihn mit lautem Gepolter um.

„He, immer sachte!“ schimpfte Sam.

Die Telefonzelle lag gleich neben dem Eingang. Sie war leer. Erleichtert zog Perkins die Tür auf und schlüpfte hinein. Er griff in seine Hosentasche und suchte nach Kleingeld. Ah, welch ein Glück! Er hatte die nötigen Münzen. Er nahm den Hörer ab, lauschte auf das Amtszeichen und steckte die Münzen in den Schlitz. Dann streckte er den Zeigefinger vor, um zu wählen. Plötzlich aber hielt er inne. Schweißperlen traten auf seine Stirn. Langsam ließ er den Hörer sinken.

Er hatte die Telefonnummer vergessen.

Der einzige Ausweg

Obwohl er enorm viel Blut verloren hatte, war sein Gesicht glühend rot. Gerald Walsh fieberte. Die Kugel hatte man ihm in einer eilig angesetzten Notoperation entfernt. Jetzt war sein Körper schlaff von der Narkose, Schmerzen spürte er keine. Zwar war er noch leicht benommen, dennoch entging ihm nichts von alledem, was sich um ihn herum abspielte. Ja, er glaubte sogar, sich und seine Situation bestens im Griff zu haben.

„Wer war Ihr Komplize bei dem Überfall, Gerry?" fragte eine Stimme irgendwo über seinem Bett. Walsh verzog sein Gesicht zu einem Grinsen, ohne jedoch die Augen zu öffnen. Er hatte schon eine Antwort parat.

„Jesse James", sagte er so forsch, wie sein trockener Mund es erlaubte.

„Wir suchen Ihren Partner, Gerry", drängte eine andere Stimme. „Sagen Sie uns, wo er ist."

Walsh antwortete nicht. Er hob langsam, wie im Zeitlupentempo, seine Augenlider und sah die Gesichter, die sich über ihn beugten. Die beiden Bullen trugen Hüte und Regenmäntel. Einer von ihnen hatte ein schwammiges Mondgesicht. Walsh war ihm schon einmal begegnet, doch er konnte sich nicht an seinen Namen erinnern. Den anderen kannte er bestens: Tevell, ein Captain aus dem Geschäftsviertel. Die übrigen Leute waren ihm fremd. Nach ihren weißen Kitteln zu urteilen, mußten es Ärzte und Krankenschwestern sein. Eine der Krankenschwestern hatte rote Haare, strahlende Augen, einen reizend geformten Mund und eine hübsche Figur. Die andere hatte ein rundes, teigiges Gesicht und schien auch sonst von der Natur nicht sonderlich begünstigt. Walsh schloß die Augen und konzentrierte sich auf das Bild der Rothaarigen.

„Er soll auf der Stelle ins Gefängnis-Krankenhaus verlegt werden", hörte er Tevell sagen.

„Das kann ich unter keinen Umständen zulassen", meldete sich eine andere Stimme.

„Doktor", Tevells Stimme klang nüchtern und bestimmt, „dieser Mann hat vor wenigen Stunden einen Polizisten niedergeschossen. Er muß hinter Gitter."

„Wenn Sie ihn in diesem Zustand verlegen", erwiderte der Arzt, dann können Sie ihn gleich in einem Sarg abtransportieren. Er wird einen Blutsturz bekommen und Ihnen unter den Händen sterben. Das garantiere ich Ihnen."

Walsh nahm all seine Kraft zusammen; er durfte jetzt

nicht den Faden verlieren. Ich befinde mich also in einem Krankenhaus, dachte er. Höchst interessant. Er zwang sich, wach zu bleiben, ohne jedoch die Augen zu öffnen. Nach einer Weile hörte er Tevell seufzen.

„Wie lange wird es dauern, bis wir ihn ohne Risiko verlegen können?"

„Die Frage ist schwer zu beantworten. Im allgemeinen ist der Patient dann über den Berg, wenn seine Temperatur wieder normal ist. Er hat jetzt neununddreißig Grad Fieber. Es wird nur langsam sinken, weil wir ihm vorerst keine weiteren fiebersenkenden Mittel geben dürfen, sonst würde sein Kreislauf zusammenbrechen. Vielleicht dauert es eine Woche, vielleicht zehn Tage; das müssen wir abwarten."

„Wie ist sein Gesundheitszustand, abgesehen von seinem Fieber?" wollte Tevell weiter wissen.

„Nicht schlecht. Genaugenommen sogar sehr gut. Die Kugel drang oberhalb des Hüftknochens ein. Vom medizinischen Standpunkt aus hätte sie nicht besser plaziert sein können. Sie hat nicht einmal den Blinddarm gestreift und trat im Rücken aus, ohne Beckengürtel oder Rückgrat zu verletzen. Außerdem ist die Gewebeschädigung nur geringfügig. Der Heilungsprozeß dürfte schnell und problemlos ablaufen. Vielleicht kann der Patient in einer Woche schon seine ersten Gehversuche machen. Wir müssen im Grunde nur darauf warten, daß sein Fieber sinkt."

Walsh lächelte im stillen. In einer Woche würde er also

schon wieder gehen können, das war gut. Ja geradezu hervorragend. Denn wenn er in der Lage war zu gehen, würde es nicht lange dauern, bis er wieder rennen konnte.

„Okay, Doktor“, sagte Tevell mißmutig. „Wir lassen ihn hier, bis Sie ihn für transportfähig erklären. Auf verschiedene Sicherheitsvorkehrungen können wir aber nicht verzichten. Zum einen müssen wir Stahlgitter an beiden Fenstern anbringen, zum anderen muß sich rund um die Uhr ein Wachposten vor und einer hinter der Tür aufhalten. Außerdem müssen wir darauf bestehen, daß sich eine Ihrer Krankenschwestern ausschließlich um ihn kümmert und kein anderer Krankenhausangestellter, ausgenommen Sie natürlich, Zutritt zu seinem Zimmer hat.“

„Daß in diesem Fall Sicherheitsmaßnahmen erforderlich sind, leuchtet mir ja ein“, erwiderte der Arzt. „Aber sind die Stahlgitter denn unbedingt nötig? Sie nehmen doch nicht an, daß der Kranke aus dem fünften Stockwerk springt?“

„Genausowenig, wie wir erwarten, daß sein Komplize versucht, von außen in sein Zimmer einzudringen“, räumte Tevell ein, „doch bei diesen Burschen muß man mit allem rechnen. Ich kann eine gerichtliche Verfügung erwirken, wenn Ihnen das weiterhilft.“

Der Arzt hob verdrießlich die Schultern. „Ach was, nicht nötig. Machen Sie, was Sie für richtig halten.“

Walsh hörte, wie sich die Leute langsam von seinem Bett entfernten. Er lauschte angestrengt, um auch ihre letzten Worte zu verstehen.

„Was ist mit der privaten Krankenschwester?“ fragte Tevell.

„Miss Hatch wohnt ständig im Haus“, erwiderte der Arzt.

„Ich glaube, sie wäre am besten geeignet.“

Walsh mußte sich ein Grinsen verkneifen. Ob Miss Hatch wohl die hübsche Rothaarige war? Die Stimmen waren jetzt gänzlich außer Hörweite. Bleierne Stille breitete sich über Walsh aus. Er öffnete kurz die Augen und musterte seine Umgebung, ohne den Kopf zu bewegen; dann fielen ihm die Augen wieder zu. Ein wohliges Gefühl der Wärme kroch seinen Körper hinauf bis zum Kopf, und wenige Sekunden später versank er in einen tiefen Schlaf.

Eine kühle Hand hielt die seine, als Walsh wieder erwachte. Er schlug erwartungsvoll die Augen auf und erkannte die häßliche Krankenschwester, die am vergangenen Abend an seinem Bett gestanden hatte. Sie fühlte gerade seinen Puls und schaute dabei prüfend auf ihre Armbanduhr. Auf ihrem Namensschild am Kittelkragen stand: Alma Hatch, geprüfte Krankenschwester.

Wieder mal Pech gehabt, fluchte er im stillen. Mit der Rothaarigen war es also nichts.

„Nun, sind wir endlich aufgewacht?“ fragte sie, bevor Walsh seine Augen wieder schließen konnte. „Sehr gut. Dann kann ich jetzt Ihre Temperatur messen.“

Sie steckte ein Thermometer unter seine Zunge und machte verschiedene Eintragungen auf dem Krankenblatt, das am Fußende seines Bettes hing. Walsh musterte sie eingehend. Sie war, wie er schon beim ersten Mal festgestellt hatte, ein äußerst unscheinbares Mädchen. Ihr Gesicht war kugelrund, farblos und schwammig und erinnerte ihn entfernt an abgestandenen Teig auf einem Backbrett. Ihre Lippen waren zu breit, ihre Augen leblos. Selbst ihr Haar war stumpf und glanzlos. Sie mochte vielleicht siebenundzwanzig sein. Walsh sah, daß sie keinen Ehering trug.

„Okay“, sagte sie und nahm das Thermometer aus seinem Mund.

„Schaun wir mal.“ Sie hob das Instrument in Augenhöhe und drehte es langsam, um die Quecksilbersäule ablesen zu können. „Achtunddreißigfünf“, verkündete sie. „Nicht schlecht. Ein halbes Grad weniger. Wie fühlen Sie sich?“

„Mies“, erwiderte Walsh mit belegter Stimme. „Krank, heiß und hungrig.“

„Haben Sie Schmerzen in der Seite?“

Walsh schüttelte leicht den Kopf. „Nein.“

„Sehr gut. Der Doktor hat Ihnen Tropfen gegen Übelkeit verordnet. Die werde ich Ihnen gleich geben. Etwas später bekommen Sie dann eine Fleischbrühe.“ Sie wandte sich ab und wollte zur Tür gehen.

„Warten Sie“, sagte Walsh mit sanfter Stimme.

Alma Hatch blieb stehen und drehte sich um.

„Ja?“

„Halten Sie meine Hand für eine Minute.“

„Wie bitte?“ Sie sah ihn erstaunt an.

„Bitte“, sagte Walsh flehend, „nur eine Minute.“

Alma Hatch errötete ein wenig. Sie wollte seine Bitte schon abschlagen, überlegte es sich dann aber und schaute zu dem uniformierten Polizeiwachmann hinüber. Er war in eine Zeitung vertieft und schenkte ihnen keine Beachtung. Zögernd, noch immer rot im Gesicht, nahm sie Walshs Hand in die ihre. Er spielte zärtlich mit ihren Fingern und zwang sich zu einem Lächeln.

„Danke“, sagte er nach einer Weile. Dann schloß er die Augen.

Alma Hatch antwortete nicht. Sie wandte sich verwirrt ab, um seine Medizin zu holen.

Am nächsten Morgen, als sie ihn mit Haferschleimsuppe fütterte, entschuldigte sich Walsh bei Alma Hatch.

„Ich wollte nicht aufdringlich sein“, murmelte er. „Sie haben mich nur an ein Mädchen erinnert, mit dem ich mal zusammen war.“ Er versuchte, tiefbetrübt dreinzuschauen. „Ich... ich habe sie sehr geliebt“, fügte er schließlich hinzu.

Alma Hatch musterte ihn einen Augenblick neugierig: sein dunkles gewelltes Haar, sein feingeschnittenes, schönes Gesicht. Ihr zu großer Mund öffnete sich leicht; offensichtlich glaubte sie seinen Worten nicht.

„Was ist mit Ihnen?“ fragte Walsh.

„Nichts“, erwiderte sie kühl. „Es scheint mir nur etwas übertrieben, daß ausgerechnet ich Sie an ein Mädchen erinnern soll, das Sie früher mal gern hatten.“

„Warum sagen Sie das?“ fragte Walsh und hob, scheinbar

erstaunt, die Brauen.

„Nun, schließlich bin ich nicht blind." Ihre Stimme wurde mit jedem Wort kühler. „Ich weiß ziemlich genau, wie ich aussehe."

„Und was ist mit Ihrem Aussehen nicht in Ordnung?" Walsh versuchte so empört wie möglich zu sprechen. Gleichzeitig mußte er seine Stimme dämpfen, damit der Wachmann nicht mißtrauisch wurde. „Hören Sie", fuhr er fort, „glauben Sie vielleicht, Sie seien häßlich, nur weil Sie keinen Lippenstift benutzen, Ihre Augen nicht blau und grün schminken und Ihre Haare nicht jede Woche anders färben? Es gibt 'ne Menge Männer, die natürliche Mädchen vorziehen, und ich gehöre nun mal zufälligerweise zu dieser Sorte. Nicht jeder fällt auf aufgedonnerte Modepuppen herein."

„Ich glaube nicht, daß man mich als natürliche Schönheit bezeichnen kann", entgegnete Alma Hatch. Ihre Stimme war zwar noch immer nicht freundlich, hatte jedoch schon etwas von ihrer Kühle verloren.

„Hören Sie auf, sich selbst zu bemitleiden", sagte Walsh fast unwirsch. „Ich habe nicht behauptet, Sie seien Miss Amerika. Trotzdem sind Sie ein hübsches Mädchen." Er drehte den Kopf beiseite. „Ich mag nicht mehr", sagte er ungeduldig und schloß die Augen.

Einen Augenblick lang stand Alma Hatch ganz verdattert mit dem gefüllten Löffel in der Hand da. Als sie merkte, daß ihr Patient weder weiteressen noch mit ihr sprechen wollte, legte sie den Löffel beiseite und verließ schweigend das Zimmer.

Walsh lächelte, als sie gegangen war. Eins zu eins, dachte er. Jetzt darf *sie* sich eine Entschuldigung ausdenken.

„Ich war gestern sehr unhöflich zu Ihnen“, sagte Alma ruhig, als Walsh am nächsten Morgen das Thermometer im Mund hatte. „Sie haben versucht, nett zu mir zu sein, und ich war sehr unfreundlich. Es tut mir leid.“ Sie nahm das Thermometer aus seinem Mund und hob es hoch, um die Temperatur abzulesen.

„Schwamm drüber“, erwiderte Walsh lächelnd. „Ich hab gar nicht versucht, nett zu Ihnen zu sein; das heißt, ich habe mich nicht dazu gezwungen. Ich wollte Ihnen nur ein Kompliment machen, das ist alles. Manchmal bin ich eben mit Worten verdammt ungeschickt.“

„Das finde ich aber gar nicht“, sagte sie schnell. „Im Gegenteil, Sie wissen sehr geschickt mit Worten umzugehen.“

„Wer versucht jetzt zu wem besonders freundlich zu sein?“ sagte Walsh mit einem Augenzwinkern. Er sah zu, wie sie seine Temperatur in die Fieberkurve eintrug. „Wie schaut's heute aus?“ fragte er beiläufig.

„Etwas über achtunddreißig Grad“, erwiderte sie. Sie ertappten sich dabei, wie sie beide im selben Augenblick zu dem Wachmann hinsahen, der ihnen, wie gewöhnlich, keine Aufmerksamkeit schenkte. Alma Hatch wandte sich erneut ihrem Patienten zu. Sie blickte ihm reichlich lang und tief in die Augen. Walsh erwiderte ihren Blick und entdeckte in ihren Augen das Mitgefühl, auf das er gehofft und hingearbeitet hatte. Sie geht mir ins Netz, dachte er. Sie fällt auf meinen Schwindel rein.

„Ein paar Tage noch", erwiderte sie ruhig. „Vielleicht noch eine Woche. Wenn die Temperatur mal auf knapp achtunddreißig Grad gefallen ist, sinkt sie in der Folge nur sehr langsam."

„Verstehe", sagte Walsh mit matter, hoffnungsloser Stimme.

Alma Hatch nagte an ihrer Unterlippe. Dann nahm sie das Krankenblatt und verließ das Zimmer. Walsh lächelte zufrieden.

Kurz darauf erhob sich der Wachmann von seinem Stuhl neben der Tür und trat hinaus auf den Flur. Walsh stützte sich auf einen Ellenbogen und sah, wie der Mann mit dem zweiten uniformierten Wachposten sprach, der draußen neben der Tür saß. Walsh benetzte seine trockenen Lippen und sah sich in seinem Zimmer um. Beide Fenster waren von innen mit schweren Stahlgittern gesichert. Es gab nur einen Fluchtweg: die Tür. Dahinter der Flur. Dann kam der Aufzug oder das Treppenhaus. Dann die Straße. Ein Ausweg, nur ein einziger Ausweg.

Und den nehme ich, beschloß er, koste es, was es wolle. In einer solchen Lage durfte man nicht wählerisch sein.

Am nächsten Morgen konnte er schon halb sitzen und fast allein essen, das heißt mit Almas Hilfe. Als er fertig war, zauberte Alma eine Zigarette aus ihrem Kittel und zündete sie für ihn an.

„Danke“, sagte er lächelnd, „schmeckt gut.“

Sie erwiderte sein Lächeln und räumte Teller und Besteck auf ein Tablett. Walsh warf einen flüchtigen Blick zur Tür und sah, daß der Wachmann wieder draußen auf dem Flur war. Er ergriff Almas Hand.

„Ich muß Ihnen etwas erklären“, sagte er eindringlich. „Sie sollen wissen, daß nicht ich den Polizisten getötet habe. Was kann ich tun, damit Sie mir glauben?“

„Ich will nicht darüber sprechen“, sagte Alma schnell. Sie zog ihre Hand weg, doch Walsh ergriff sie von neuem.

„Alma, bitte!“ flehte er. „Sie müssen zuhören! Es liegt mir so unendlich viel daran, daß Sie mir glauben. Was andere denken, ist mir völlig gleich, doch bei Ihnen ...“

Sie starrte ihn ungläubig an, versuchte aber nicht länger, ihre Hand fortzuziehen. „Was wollen Sie damit sagen? Was bedeute ich schon für Sie?“

„Sehr viel“, sagte er inständig. „Hören Sie, ich erwarte natürlich nicht, daß Sie dasselbe für mich empfinden. Wie sollten Sie auch ...“

Almas Hand, die vorher steif und reglos in der seinen gelegen hatte, wurde plötzlich lebendig.

„Empfinden? Was?“ flüsterte sie. „Ich verstehe nichts. Sie sprechen in Rätseln.“

Walsh senkte den Blick, um sie nicht ansehen zu müssen.

„Ich ... ich glaube, ich habe mich in Sie verliebt.“

Alma öffnete den Mund, um etwas zu erwidern, doch

sie brachte kein Wort heraus. Langsam führte sie seine Hand an ihre Lippen und wandte sich dann hastig ab. Sie nahm das Tablett auf und eilte aus dem Zimmer.

Walsh seufzte tief und zog ein letztes Mal an seiner Zigarette. So weit, so gut, dachte er. Er warf einen Blick zur Tür und sah, daß die beiden Wachmänner noch immer auf dem Korridor plauderten. Schnell schob er die Bettdecke beiseite und setzte sich auf. Vorsichtig bewegte er seine Beine zur rechten Bettkante, preßte seine Hand auf seine verbundene Wunde und stand langsam auf. Sein Körper war steif und kraftlos; ein Gefühl von Schwindel und Übelkeit überkam ihn. Er stützte sich mit der freien Hand ab und wartete, bis das Gefühl vorüber war. Dann wagte er mehrere kurze Schritte zum Fußende des Bettes und zurück.

Als er wieder im Bett lag, war er schweißbedeckt und völlig erschöpft. Doch jetzt wußte er, wieviel Kraft er besaß und wieviel ihm noch zur Ausführung seines Planes fehlte. Er beschloß, noch in derselben Nacht, nach Erlöschen der Lichter, mit Bein- und Armübungen zu beginnen.

Am nächsten Nachmittag bekam er Besuch von Tevell.

„Na, Killer, wie geht's?“ fragte der Captain betont lässig.

„Ich lebe, wie Sie sehen“, erwiderte Walsh.

„Nicht mehr lange, mein Lieber“, knurrte Tevell. „Etwa ein Jahr noch. Wenn Prozeß, Berufung und der übrige Schnickschnack vorbei sind, wird man Sie auf den elektrischen Stuhl schnallen. Es sei denn, Sie sind schlau und ...“

Da haben wir's, dachte Walsh amüsiert. Das alte Lied: Eine Hand wäscht die andere.

„Nun, dann erklären Sie mir, was ich tun muß, um schlau zu sein", sagte Walsh mit übertrieben interessierter Stimme.

„Sie brauchen uns nur eine Adresse zu verraten, den Ort, wo sich Cappo zur Zeit versteckt hält."

Walsh zog scheinheilig die Stirn in Falten. „Wer, bitte?"

„Cappo", wiederholte der Polizeibeamte verärgert. „George Cappo. Sie wissen genau, wen ich meine. Er war Ihr Komplize bei dem Raubüberfall. Er hat drei von den fünf Schüssen auf den Polizisten abgegeben, den Sie gemeinsam getötet haben."

„Ich weiß gar nicht, wovon Sie reden", erwiderte Walsh mit der größten Unschuldsmiene.

„Wir haben bereits alles überprüft", fuhr Tevell unbeirrt fort. „Also sparen Sie sich Ihre Lügen. Sie und Cappo waren zwei oder drei Monate lang täglich zusammen. Sie sind gemeinsam zum Pferderennen gegangen, haben zusammen Billard gespielt und sämtliche Nachtclubs der Stadt auf den Kopf gestellt. Dann haben Sie und ein anderer Kerl die Kreditbank ausgeraubt, und plötzlich, ganz zufällig, ist Cappo von der Bildfläche verschwunden. Ganz so dumm, wie Sie denken, sind wir nun auch nicht, mein Lieber."

„Gratuliere", sagte Walsh.

„Wenn Sie es vorziehen", unterbrach Tevell, „können Sie natürlich auch die Aussage verweigern und so auf schnellstem Wege mit dem elektrischen Stuhl Bekanntschaft schließen. Früher oder später geht uns Cappo doch ins Netz. Seien sie also vernünftig, verraten Sie uns sein Versteck und werden Sie Kronzeuge. Dann bekommen Sie nur lebenslänglich und werden nach fünfzehn bis zwanzig Jahren auf freien Fuß gesetzt. Sie sind noch jung, vergessen Sie das nicht. Leben oder nicht leben, das dürfte Ihnen nicht ganz gleichgültig sein."

Tevell lehnte sich tief in seinen Sessel zurück und holte eine dicke Zigarre aus seiner Westentasche. Er streifte die Zellophanhülle ab, steckte die Zigarre zwischen die Zähne und zündete sie an. Nachdem er mehrere Male genußvoll daran gezogen hatte, schob er sie in den rechten Mundwinkel und fuhr fort: „Los, Gerry, sagen Sie mir, wo Cappo ist."

„Er macht eine Bootsfahrt nach China", erwiderte Walsh und verzog seinen Mund zu einem höhnischen Grinsen.

Tevell seufzte und hob die Schultern.

„Es gibt eben Leute", bemerkte er ruhig, „denen kann man nur auf die harte Tour kommen. Okay, Killer." Er erhob sich aus seinem Sessel. „Wiedersehen, im Leichenschauhaus."

Nachdem der Captain gegangen war, legte sich Gerry zurück ins Bett. Trotz seines Fiebers war er kreidebleich und hatte eine Gänsehaut. Der elektrische Stuhl ging ihm nicht aus dem Kopf.

„Wie kann ich Ihnen helfen?" flüsterte Alma ihm beim Abendessen zu. Walshs Herz schlug freudig bei den

Worten, die da an sein Ohr drangen. Das ist der Ausweg! dachte er. Mein einziger Ausweg.

„Was meinen Sie?“ fragte er mit beherrschter Stimme.

„Sie dürfen einfach nicht ins Gefängnis“, sagte sie eindringlich, „jetzt, da wir wissen, was wir füreinander empfinden.“ Sie ließ ihre Hand über die seine gleiten und drückte sie fest.

„Ich will unter keinen Umständen, daß Sie in die Sache verwickelt werden, Alma“, erwiderte Walsh mit todernster Miene.

„Aber das bin ich doch schon. Seitdem Sie mir Ihre Liebe eingestanden haben, gibt es für mich kein Zurück mehr. Sie müssen meine Hilfe annehmen, Walsh. Es muß etwas geben, das ich für Sie tun kann.“

„Ich ... ich weiß nicht“, sagte er zögernd. „Ich hatte mit Ihrer Hilfe gar nicht gerechnet. Wenn mir etwas mehr Zeit bliebe, würde mir vielleicht etwas einfallen.“

„Ich kann dafür sorgen, daß man Sie länger hierbehält“, sagte sie schnell. „Ich kann auf Ihrer Fieberkurve eintragen, daß Ihre Temperatur noch zu hoch ist. Der Doktor überprüft es nie selbst. Und ich weiß, daß er Sie nicht verlegen läßt, bevor Ihr Fieber gesunken ist.“

„An diese Möglichkeit hatte ich gar nicht gedacht“, log Walsh. „Sind Sie sicher, daß Sie damit durchkommen?“

Sie nickte begeistert. „Ganz sicher sogar. Und vielleicht fällt uns in der Zwischenzeit ein, wie wir Sie hier rausbekommen.“

„Alma“, sagte Walsh und sah ihr tief in die Augen.

„Wenn wir tatsächlich einen Weg finden, kommen Sie dann mit? Wir könnten irgendwo hingehen, einen neuen Anfang machen."

„Meinen Sie es wirklich ernst?" fragte sie mit fast feierlicher Stimme. „Ich weiß, daß ich nicht hübsch bin, ganz gleich, was Sie gesagt haben. Ich bin auch nicht besonders geschickt, außer in meinem Beruf..."

„Ich möchte, daß du mitkommst, Alma", erwiderte er und betonte dabei das *du*. „Ohne dich würde ich nicht gehen."

Alma drückte seine Hand und lächelte ihn an. „Ich komme mit", sagte sie überglücklich.

Während der folgenden vier Tage arbeitete Walsh einen genauen Plan für seine Flucht aus. Er gab Alma eine Liste mit und trug ihr auf, die für seine Größe passende Kleidung zu kaufen, von ihrem Geld, versteht sich. Sie mußte die Sachen in ihrem Wagen auf dem Angestelltenparkplatz aufbewahren und Stück für Stück in ihr Schließfach im Krankenhaus schmuggeln. Weiter beauftragte er sie, einen kleinen Vorrat an Medikamenten beiseite zu legen, die er brauchen würde, sobald er das Krankenhaus verlassen hatte. Diese sollte sie in einem Täschchen in ihrem Handschuhfach aufbewahren.

Abends, sobald die Lichter erloschen waren und die beiden Polizeiwachposten auf dem Korridor auf und ab spazierten, begann für Walsh der ernste Teil des Tages. Er trainierte Bein- und Armmuskeln und stand lange Zeit aufrecht neben dem Bett, um sein Gleichgewicht wiederzuerlangen. Neben seinen Konditions- und Muskelübungen ließ sich Walsh von Alma täglich starke Vitaminspritzen geben.

In Zeitungspapier eingewickelt reichte ihm Alma einen maschinengetippten Plan, auf dem sämtliche Krankenhausangestellten vermerkt waren, die auf der fünften Etage Nachtdienst hatten. Und, was noch wichtiger war: Alma brachte von jetzt an den beiden Wachposten gegen Mitternacht immer eine Tasse Kaffee.

Am fünften Tag legte Alma Walsh einen neuen Verband an. „Wie schaut's aus?" fragte er.

„Gut", erwiderte sie. „Das Gewebe hat sich geschlossen, und die Oberhaut ist dabei, sich neu zu bilden."

„Könnte ich damit schon gehen?"

Alma nickte. „Solange du dich langsam bewegst, dich nicht stößt oder hinfällst. Fühlst du dich denn schon kräftig genug?"

„Stark wie ein Bulle", versicherte er. „Dann geht's heute nacht los, das heißt, wenn es dir gelingt, unseren uniformierten Freunden ihren Spezialkaffee einzuflößen. Übrigens, was für ein Pülverchen willst du ihnen denn verpassen?"

„Ich habe da ein gutes Schlafmittel, das völlig geschmacklos ist und sich in Flüssigkeit auflöst. Ich gebe ihnen gerade so viel davon, daß sie für etwa fünf Stunden ausgeschaltet sind."

„Gut. Und sonst hat niemand Nachtdienst, das weißt du genau?"

„Nicht auf dieser Etage."

„Okay. Bist du sicher, daß du nichts vergessen hast? Meine Kleider sind alle in deinem Schließfach? Der Benzintank ist voll?"

„Alles ist so, wie du's mir aufgetragen hast." Alma nagte an ihrer Unterlippe und starrte Walsh einen Augenblick an. „Ich habe dich vorher nie danach gefragt", sagte sie schließlich, „aber was wird aus uns beiden, wenn wir hier rausgekommen sind? Wohin gehen wir? Was machen wir?"

Walsh zwang sich zu einem liebevollen Lächeln und ergriff ihre Hand. „Wir werden für eine Weile irgendwo untertauchen, bis ich wieder richtig auf den Beinen bin. Dann gehen wir zusammen fort. Wir suchen uns ein nettes Fleckchen, weit weg von hier, wo uns niemand kennt. Wir fangen ein neues Leben an, nur du und ich."

„Meinst du es auch wirklich ernst?" fragte sie. „Sagst du mir das alles nicht nur, weil du meine Hilfe brauchst?"

„Alma, mein Liebling", erwiderte er sanft und streichelte ihre Hand. „Ich liebe dich, glaube mir." Er sah sie traurig an. „Hast du denn kein Vertrauen zu mir? Glaubst du, ich könnte dich so gemein belügen?"

„Gut, Gerry", sagte sie. „Gut, ich will dir glauben."

„Also, heute nacht?"

Sie nickte. „Heute nacht."

Walsh zwinkerte ihr aufmunternd zu und grinste. „Hab keine Angst! Wir beide schaffen das schon."

Dreißig Minuten nach Mitternacht trat Alma in sein

Zimmer und brachte ihm die neuen Kleidungsstücke.

„Bist du sicher, daß die beiden schlafen?“ fragte er besorgt, als sie ihm in sein Hemd half.

„Todsicher. Sie werden vor vier oder fünf Stunden nicht aufwachen.“

„Gut, dann laß uns schnell machen.“

Als er fertig angezogen war, legte er einen Arm um Almas Schulter, und sie verließen das Zimmer. Die beiden Wachmänner hingen wie Mehlsäcke in ihren Sesseln, Arme und Beine weit von sich gestreckt. Walsh hielt an.

„Eine Sekunde“, flüsterte er. Er beugte sich über den Polizisten, der tagsüber in seinem Zimmer Wache schob, schnallte den Riemen seines Schulterhalfters auf und zog den schweren Revolver aus der ledernen Hülle. „Nur für den Notfall“, sagte er lässig und klemmte die Waffe unter seinen Gürtel.

Alma schaute etwas verängstigt auf den Revolver, sagte aber kein Wort. Sie legte erneut ihren Arm um Walshs Taille und half ihm hinaus auf den Korridor.

Sie nahmen den Essensaufzug, der zur Krankenhausküche hinunterging. Von dort aus führte ihn Alma über den Liefereingang auf eine kleine Laderampe am hinteren Teil des Gebäudes.

Sie gingen anfangs ziemlich schnell, doch schon bald mußte Walsh sein Tempo verlangsamen. Er war völlig erschöpft von der ungewohnten Anstrengung. Schweißperlen standen auf seiner Stirn. Zum Glück begegneten sie keiner Menschenseele. Nach mehreren kurzen Verschnaufpausen erreichten sie Almas Wagen auf dem Angestelltenparkplatz.

„Du zitterst ja“, flüsterte Alma. „Ich habe eine Wolldecke auf dem Rücksitz.“

„Ist jetzt völlig unwichtig“, erwiderte er barsch. „Los, schmeiß endlich die Kiste an!“

Er ließ sich auf den Sitz fallen und lehnte seine Schulter gegen die Wagentür. Alma sah, daß er mit einer Hand den Revolvergriff umklammert hielt. Sie biß sich nervös auf die Lippen und warf den Motor an.

Walsh wies ihr den Weg, ließ sie kreuz und quer durch die Stadt fahren. Seine Anweisungen klangen jetzt eher wie Befehle, und seine Stimme hatte einen drohenden Ton angenommen, einen Ton, den Alma bislang nicht kannte. Dennoch beschwerte sie sich mit keinem Wort.

Auf ihrer Fahrt durch die nächtliche Stadt benutzten sie kleinere Seitenstraßen und mieden die größeren Boulevards, wo sie leicht einer Polizeistreife hätten begegnen können. Sie waren schon fast eine Stunde unterwegs, und die Bezirke, durch die sie kamen, wurden immer ärmlicher und schmutziger. Schließlich gelangten sie in ein graues Mietshausviertel, das in dem fahlen Mondlicht wie tot wirkte.

„Halt in der Mitte des Blocks an“, befahl Walsh, „vor dem dritten Gebäude hinter der Straßenlaterne.“

Sie befanden sich in einer schmalen Straße mit alten Backsteinhäusern. Sie waren fünfstöckig und besaßen keinen Fahrstuhl. Skelettähnliche Eisentreppen führten zu den einzelnen Etagen. Die gardinenlosen Fenster schauten wie schwarze Augen in die mondklare Nacht. Verrostete Mülltonnen säumten den Gehsteig. Eine öde, gesichtslose Straße, in der Vergangenheit, Gegenwart und Zukunft alles eins waren und die Hoffnung auf bessere Tage längst begraben war.

„Hier", zischte Walsh. Alma parkte den Wagen am Randstein und half ihm heraus. „Hol die Medikamente aus dem Handschuhfach", befahl er.

Er stützte sich auf ihre Schulter, während sie in eines der grabähnlichen Gebäude traten. Langsam und schweigend stiegen sie die Treppe hinauf. Als sie im dritten Stock ankamen, war Walsh schweißbedeckt. Sie gingen den dunklen Gang entlang, auf die hinterste Wohnung zu. Walsh klopfte leise an eine Tür.

„Wer ist da?" knurrte eine Stimme.

„Mach auf, Cappo", sagte Walsh ruhig. „Ich bin's, Gerry."

Die Tür wurde auf der Stelle geöffnet. Sie führte in ein schäbiges, billig möbliertes Wohnzimmer, in dem es nach Zigarettenrauch und Whisky roch. Ein breitschultriger, unrasierter Mann im Unterhemd starrte Walsh und Alma ungläubig an. Hinter ihm stand eine stark geschminkte Frau mit gefärbten, fast gelben Haaren. Sie hatte vor Erstaunen ihren Mund weit geöffnet. Beide schienen ihren Augen nicht zu trauen und standen wie versteinert da.

„Will mich denn niemand reinbitten", fragte Walsh und schob den Mann namens Cappo beiseite. „Nimm ihr das

Zeug ab", befahl er Cappo und zeigte auf das Paket mit Medikamenten, das Alma in der Hand hielt.

„Gerry!" Die blonde Frau hatte ihre Stimme wiedergefunden, ging auf Walsh zu und warf ihre Arme um seinen Hals. „Gerry, Liebster, ist alles in Ordnung?"

„Bestens, meine Teure." Walsh drückte die Frau an sich, während sie ihn mit lippenstiftverschmierten Küssen überhäufte. „Hilf mir zur Couch", sagte er, „bevor ich zusammenbreche."

Sie ließen sich gemeinsam auf die Couch fallen. Einen Arm um die Schulter der Blonden geschlungen, schaute Walsh zu Alma Hatch auf, die schweigend, den Rücken an die geschlossene Tür gelehnt, dastand. Ihr Gesicht war vor Verwirrung leicht gerötet, ihre Augen waren zu Boden gerichtet.

„Okay, Schwesterchen", sagte er höhnisch, „du kannst jetzt gehen."

Alma hob die Augen und starrte ihn wortlos an.

„Warte eine Minute", sagte Cappo. „Du kannst sie doch nicht einfach so fort lassen! Die rennt doch auf dem schnellsten Weg zur Polizei."

„Keine Angst", erwiderte Walsh. „So etwas Dummes wird sie bestimmt nicht tun. Nicht wahr, Schwesterchen?" Er wandte sich Alma zu. „Schließlich willst du ja nicht hinter schwedische Gardinen kommen, oder? Als Fluchthelfer eines Mörders, eines Polizistenmörders obendrein! Das bist du nämlich, und dafür blüht dir eine saftige Strafe."

„Du... du sagtest doch, du hättest es nicht getan", stotterte Alma. „Du sagtest, er sei's gewesen." Sie deutete auf Cappo.

„Nun, ja", erwiderte Walsh mit einem hämischen Grinsen, „es war nur eine halbe Lüge. Wir haben ihn nämlich gemeinsam niedergeschossen." Er nahm eine Zigarette vom Tisch und zündete sie an. Dann lehnte er sich zurück und ließ sich von der Blonden die Stirn kühlen. „Wenn du klug bist, Schwester, dann fährst du auf dem schnellsten Weg zum Krankenhaus zurück und nimmst selbst einen Schluck von diesem gepanschten Kaffee. Dann wird niemand auf die Idee kommen, daß du in die Sache verwickelt bist. Das ist bestimmt besser, als die nächsten Jahre im Frauengefängnis zu verbringen."

„Du hast doch gesagt, du liebst mich", murmelte sie verbittert.

„Hör zu", fuhr er dazwischen, und seine Miene verfinsterte sich. „Ich hab dir 'ne Menge erzählt, na und? Du glaubst doch wohl nicht im Ernst, daß ich mich in ein Mondgesicht wie dich verlieben könnte?"

Alma starrte ihn noch immer an, dann schüttelte sie den Kopf. „Sicher nicht", sagte sie gedehnt und wandte sich zum Gehen.

„Mach's gut", rief ihr die Blondine höhnisch nach.

Alma trat auf den Gang und schloß die Tür hinter sich. Sie lauschte einen Augenblick und hörte, wie Walsh und Cappo laut lachten. Der dunkle schmale Flur erschien ihr plötzlich unendlich lang. Mechanisch setzte sie einen Fuß vor den anderen.

So ist es eben, dachte Alma und stieg langsam die Treppe hinab. Ein Mädchen wie ich, das nicht hübsch ist, hat einfach keine Chancen bei Männern. Schon gar nicht bei Männern wie Gerry Walsh, gutaussehenden Männern, die jeder Frau gefielen.

Wie viele Male war sie schon auf die Nase gefallen? Da war der Krankenpfleger vor mehreren Jahren, der mit dem freundlichen Lächeln. Sie konnte sich nicht mehr an seinen Namen erinnern. Und der Ambulanzwagenfahrer mit den dichten schwarzen Locken. Und der junge Sportlehrer, den sie auf einer Party kennengelernt hatte und der so gut tanzen konnte. Und der mit dem Sportwagen, der – sie errötete fast bei der Erinnerung – sie am Strand angesprochen hatte. Und der...

Im zweiten Stock angekommen, hielt sie plötzlich inne. Sie wollte sie alle aus ihrem Gedächtnis fortwischen. Es waren einfach zu viele Enttäuschungen, und die Erinnerung daran war zu schmerzhaft. Sie hatten sie alle auf dieselbe schuftige Weise behandelt. Sie hatten ihr vorgemacht, daß sie ihnen etwas bedeute. Und wenn sie erreicht hatten, was sie wollten, hatten sie sie sitzenlassen.

Nun, es ist alles deine eigene Schuld, sprach sie zu sich selbst. Ein häßliches Mädchen wie du. Ist ja auch kein Wunder.

Ein Dutzend Männer warteten im ersten Stock, als sie langsam die Treppe hinunterkam. Einer von ihnen trat aus dem dunklen Gang auf sie zu. Es war Tevell, der Captain.

„Ist alles in Ordnung?" fragte er.

„Ja."

„Wo ist er?"

„Dritter Stock, letzte Tür."

„Ist Cappo auch da?"

„Ja, und eine Frau."

Tevell nickte zufrieden und wandte sich an einen seiner Untergebenen. „Dritter Stock, ganz hinten. Stellen Sie an der Außentreppe sechs Männer auf. Wir brechen in fünf Minuten die Tür auf."

„Darf ich gehen?" fragte Alma.

„Natürlich." Der Polizeihauptmann nahm ihren Arm. „Ich begleite Sie zu Ihrem Wagen."

Tevell öffnete Alma die Autotür. „Miss Hatch", sagte er. „Ich möchte Ihnen noch einmal für Ihre Hilfe danken. Sie haben uns einen großen Dienst erwiesen."

Alma Hatch lächelte, ein verkniffenes, fast grausames Lächeln. Sie dachte an Walsh und die blonde Frau.

„Keine Ursache", erwiderte sie ruhig. „Es war mir ein Vergnügen."

Mit diesen Worten warf sie den Motor an und fuhr die menschenleere Straße hinunter.

Der letzte Trumpf sticht

Kurz nach vier Uhr verließen der Arzt und die Krankenschwester George Painters Zimmer im ersten Stock. Sie blieben etwa eine Minute vor der Tür stehen und unterhielten sich im Flüsterton. Dann erst gingen sie langsam den Flur entlang. Coral wartete am Treppenabsatz. Sie war gereizt. Sie hatte nicht ein Wort von dem verstanden, was oben gesprochen worden war.

Warum, fragte sie sich zornig, müssen die Ärzte und all das übrige Krankenhauspersonal immer so leise miteinander sprechen? Warum glauben sie, den Tod oder vereiterte Nasenhöhlen mit derselben Verschwiegenheit verschleiern zu müssen? Die Temperaturkurve der Patienten wird bisweilen gehütet wie ein Staatsgeheimnis. Nichts als Scharlatanerie. George Painter allerdings würden sie mit ihrem wichtigtuerischen Geflüster kaum aus der Ruhe bringen. Der alte Krüppel wußte seit mindestens einem Monat, daß er überfällig war. Das Unbegreifliche jedoch war, daß ihn der Gedanke an den Tod völlig kalt zu lassen schien. Überhaupt lächelte er in letzter Zeit manchmal so hinterlistig. Je mehr ihn seine Kräfte verließen, desto mehr ähnelte er einem gerissenen alten Spieler, der ein As im Ärmel versteckt hält, eine letzte Trumpfkarte, mit der er, zumindest einen Augenblick lang, den Tod selbst ausstechen wollte.

Dr. Wolff, der Arzt, und Miss Suratt, die Krankenschwester, kamen gemächlich die Stufen herab, er untersetzt, in grauem Tweed, sie schlank, in weißem Nylon. Ihre Schritte waren auf dem dicken, flauschigen Teppich kaum zu hören.

Carol legte ihr sonnengebräuntes Gesicht in gramvolle Falten. Heute morgen hatte sie mit Otis Tennis gespielt. Danach waren sie spazierengegangen, hatten Eis gegessen und sich köstlich amüsiert. Sie fühlte sich prächtig, fast wie ein junges Mädchen, das sich zum ersten Mal verliebt hat. Und ganz und gar nicht wie eine angehende Witwe. Dennoch spielte sie die Rolle der zutiefst besorgten, gramgebeugten Ehefrau fast perfekt.

„Wie geht es ihm, Doktor?“ Sie mischte ihrem eigenen Flüstern das nötige Quentchen an Nervosität bei. „Ist er bei Bewußtsein?“

„Und wie!“ flüsterte Dr. Wolff zurück. „Er ist ein bewundernswerter Mann.“

„Kann er sprechen?“

„Ja, das kann er. Nicht mit seinem früheren Schwung, natürlich. Doch seine Geistesgegenwart ist erstaunlich. Wirklich erstaunlich.“

„Bitte, entschuldigen Sie mich jetzt“, flüsterte Miss Suratt. „Ich muß mir unbedingt einen Tee zur Stärkung brauen.“

„Rufen Sie mich umgehend an, falls sich seine Lage verschlechtert“, sagte Dr. Wolff.

„Und lassen Sie sich von Glenda eine Kleinigkeit zu essen machen“, sagte Coral.

„Vielen Dank“, hauchte Miss Suratt und verschwand in der Küche.

„Bitte seien Sie ehrlich, Doktor“, sagte Coral. „Wie lange geben Sie George noch?“

Dr. Wolff hob die Brauen und sah etwas verlegen zur Seite. „Liebe Mrs. Painter, ich weigere mich in solchen Fällen stets, irgendwelche Prophezeiungen zu machen. Ein Patient mit einem eisernen Willen kann oft lange kämpfen, bis der letzte Funke Leben in ihm erlischt. Ihr Gatte gehört zu diesen Menschen. Er besitzt einen erstaunlich starken Willen, wirklich erstaunlich.“

„Ich bitte Sie ja nur um eine unverbindliche Schätzung, lieber Doktor.“

„Das tue ich höchst ungern.“

„Sie sind ein erfahrener Arzt. Sie behandeln meinen Gatten jetzt seit mindestens zehn Jahren. Sie müssen doch wissen, wie's um ihn steht. In etwa.“

„In etwa. Nun ja.“

„Wird er die Nacht überstehen?“

„Ich glaube, das kann ich Ihnen mit Sicherheit sagen. Die Nacht bestimmt.“

„Die Woche?"

„Nun, wirklich, liebe Mrs. Painter." Dr. Wolff hob ratlos die Schultern.

„Darf ich meinen Mann jetzt sehen?" fragte Coral scheinbar flehend. „Oder ist es in seinem Zustand nicht anzuraten?"

„Doch, im Gegenteil. Er hat mich sogar gebeten, Sie hinaufzuschicken. Aber bitte belassen Sie es bei einem kurzen Besuch. Er hat einen turbulenten Nachmittag hinter sich, einen wirklich sehr turbulenten."

Das kann man wohl sagen, dachte Coral.

Gegen ein Uhr dreißig war der langbärtige Priester der griechisch-orthodoxen Kirche aufgekreuzt – das dritte Mal innerhalb von drei Tagen. Sein Name war Mikos Gavros. Er kam, wie üblich, in einer staubigen alten Limousine, in der er mit seinen schwarzberockten Körpermassen einen Großteil des Rücksitzes einnahm. Der Fahrer war sein siebzehnjähriger Sohn Teddy, der älteste Sprößling einer ganzen Reihe von Kindern. Der Pope Gavros schien sich nicht nur mit geistlichen Dingen zu beschäftigen.

Teddy, der seinem Vater, was Haar- und Bartwuchs anbetraf, kaum nachstand, eilte um den Wagen und öffnete die Hintertür. Vater Gavros zwängte sich heraus. Sie betraten gemeinsam die Eingangshalle. Coral mußte wohl oder übel die Grüße des Priesters entgegennehmen, die wie öliger Balsam aus seinem Bart hervorquollen.

War er auf der Suche nach einem neuen Schäflein? fragte sich Coral.

Während der Pope oben bei dem Sterbenden verweilte, der seinen Namen schon vor langem von Pantopoulous auf Painter hatte umändern lassen, mußte sich Coral um Teddy kümmern. Dieser schien den Eifer seines Vaters kaum zu teilen. Er interessierte sich sehr viel mehr für die Düfte, die aus der Küche drangen. Also schickte sie ihn zu Glenda, die ihn mit frischgebackenem Apfelstrudel versorgte.

Eine Stunde später, unmittelbar nachdem Gavros und sein Sohn das Haus verlassen hatten, tauchte Norman Yard auf. Das übliche halb spöttische Lächeln lauerte unter seinem hochgezwirbelten, graumelierten Schnauzbart. Sein braunes Aktenköfferchen hielt er wie immer wichtigtuerisch unter den linken Arm geklemmt. Carols Meinung über Rechtsanwälte war noch nie besonders gut gewesen. Und sie war mit jedem der seit einem Monat fast täglichen Besuche von Yard noch gesunken. Sie haßte sein allwissendes, dünkelhaftes Grinsen. Mit demselben widerlichen Gesichtsausdruck wie immer hastete Yard die Stufen hinauf, um seinen reichsten Klienten aufzusuchen.

Ja, der alte George Painter hatte in der Tat einen turbulenten Nachmittag hinter sich.

Seit mehr als einer Woche hatte Carol sein weiträumiges Schlafzimmer nicht mehr betreten. Die Fenster waren geschlossen, die schweren Samtvorhänge zugezogen. Die Luft war stickig, durchtränkt von einem Geruch, der sie immer an George erinnern würde. Der Rauch von türkischen Zigaretten hing schwer im Zimmer. Jetzt roch es obendrein noch nach etwas schwer Definierbarem, nach etwas ekelerregend Trockenem und Muffigem.

Bis auf einen schmalen Lichtkegel, der von der Nachttischlampe ausging, war der Raum in Finsternis getaucht. George lehnte wie eine blutleere Gliederpuppe in seinen Kissen. Sein Körper war so spindeldürr, daß er sich unter der Heizdecke kaum abzeichnete. Er rauchte. Die grauen Rauchwolken, die sich langsam um den Lampenschirm ringelten, waren das einzige Lebenszeichen.

„Hallo, George“, sagte Coral nervös, als sie das Fußende des riesigen Bettes erreicht hatte.

Das Gesicht des sterbenden Mannes war hager und ausgemergelt und erinnerte an das eines Toten. Seine dunklen Augen aber leuchteten wie zwei glühende Kohlen daraus hervor. Coral fühlte, wie sie unter seinem Blick gleichsam erstarrte.

„Ich habe gerade mit Dr. Wolff gesprochen. Er sagt, es geht dir besser.“

Mit seinen gelblichen, knochigen Fingern nahm der Mann die Zigarette aus seinem Mund.

„Du bist eine perfekte Lügnerin“, krächzte er mit heiserer Stimme.

„Er sagte mir, du wolltest mich sehen“, fuhr Coral fort.

„Ich sagte, ich wollte ...“ Ein trockener, stoßweiser Husten zwang ihn, für einen Augenblick seinen stechenden Blick von ihr abzuwenden. „Ja, ich sagte, ich wollte dieses gewissenlose Luder sehen, das sich meine Frau nennt. Und da bist du ja."

„George, ich finde, dies ist wirklich nicht der geeignete Zeitpunkt, um..."

„Nicht der geeignete Zeitpunkt? Es ist der einzige, der letzte. Und es ist der Zeitpunkt, auf den du schon so lange wartest. Seit fast drei Jahren, stimmt's?"

„George, ich finde..."

„Halt den Mund, und hör mir zu!" Wieder das kratzige Husten. „Gieß mir ein Glas Wasser ein."

Sie überwand ihren unendlichen Ekel, trat ans Kopfende des Bettes und griff nach dem Wasserkrug. Wie hatte sie all diese Jahre durchstehen können? Geld! Doch konnte Geld wirklich für alles entschädigen?

„Ich hab mir bei unserer Hochzeit weiß Gott keine Illusionen gemacht. Dein erster Mann war ein Trunkenbold. Du hattest ihn satt, das ist verständlich. Ich hab selbst, als ich noch jung war, mehrere Frauen satt gehabt. Du wolltest ein wenig Luxus zur Abwechslung. Ich wollte jemanden...", sein Husten klang jetzt wie schrilles Rasseln, "... jemanden, der mir für die letzten Jahre meines Lebens etwas Wärme gibt. Nicht Liebe, nur Zuneigung. Ein fairer Handel."

„Du solltest dich schonen und nicht soviel sprechen." Sie hielt ihm das Wasserglas hin.

„Ich werde sprechen, und du wirst mir zuhören." Er trank einen Schluck Wasser und stellte das Glas wieder zurück.

„Ich werd's versuchen."

„Was ich dir zu sagen habe, wird dir deine falschen Augen öffnen."

„Bitte, hör jetzt auf damit."

„Fast vom ersten Augenblick an hast du die Regeln unserer Abmachung verletzt."

„Was hast du denn anderes erwartet?"

„Gar nichts. Es war auch keine Überraschung für mich. Eine kerngesunde kleine Schlampe, verheiratet mit einem kränklichen alten Ziegenbock. Kein Wunder, daß ihm Hörner wachsen. Solange du's heimlich tatest, wollte ich ein Auge zudrücken. Meine Ehre wurde dabei nicht verletzt. Dann aber hast du dich auch darum nicht mehr geschert. Deine Untreue wurde stadtbekannt. Die Spatzen pfiffen es von den Dächern. Du machtest mich zur Zielscheibe der gemeinsten Witze. Doch selbst da ..., ja selbst da noch ..." Sein Husten wurde immer schlimmer. „Selbst da habe ich noch nichts gesagt. Aber als du meinen Neffen Otis unter meinem eigenen Dach verführt und damit noch herumgeprahlt hast, da war auch bei mir das Maß voll. Da beschloß ich, etwas zu unternehmen."

„Ich wüßte nicht, was du dagegen tun könntest", erwiderte Coral spöttisch.

„Du täuschst dich, meine Liebe. In diesem Augenblick sitzt Otis in einem Flugzeug nach Athen, wo ihn sein Vater, mein Bruder, empfangen wird. Das zum Beispiel habe ich getan."

„Das ist ganz unmöglich. Wir haben noch zusammen

Mittag gegessen und ..."

„Er hat einfach vergessen, die Reise zu erwähnen. Auf griechisch bedeutet der Name Otis soviel wie ‚Schlitzohr'. Vor einigen Tagen hatte mein Neffe eine Unterredung mit meinem Anwalt Norman Yard. Dieser hat ihm gewisse finanzielle Vorschläge unterbreitet, die seine Zukunft verbessern könnten."

„Was mischst du dich da ein, du gemeiner Hund!"

„Warte, bis ich zu Ende erzählt habe. Ich hab noch einiges für dich auf Lager, Coral."

„Nun, enterben kannst du mich nicht, George. Ich bin deine rechtmäßige Frau. Du hast keine Kinder. Selbst wenn du kein Testament hinterläßt, habe ich Anrecht auf die Hälfte deines Vermögens."

Ein hinterlistiges Lächeln huschte über die trockenen Lippen des Alten. „Du scheinst dich in rechtlichen Dingen bestens auszukennen. Dann kann ich dir ja auch gleich zeigen, wovon du die Hälfte erbst." Bei diesen Worten zog er ein dickes Bündel grüner Banknoten aus der Tasche seines Morgenmantels. „Einhunderttausend! Zehntausend Zehndollarscheine. Mein Gesamtvermögen."

„Du willst mich auf den Arm nehmen", sagte Coral gelassen.

„Das wirst du früh genug merken. Meine restlichen Vermögenswerte habe ich auf die Painter-Stiftung überschrieben. Was du hier siehst, ist alles, was von meinen persönlichen Reichtümern übriggeblieben ist."

Bestürzt sah Coral zu, wie der alte Mann eine der

Banknoten nahm und in ein Dutzend kleine Stücke zerriß.

„Was zum Teufel soll das?“

Er griff nach dem Wasserglas, stopfte die Papierfetzen in seinen Mund und spülte sie mit einem kräftigen Schluck hinunter. „Ich nehme es mit ins Grab“, sagte er und machte sich daran, einen weiteren Geldschein zu zerreißen.

„Du bist völlig verrückt geworden, du gemeiner alter Hund!“ schrie sie, umklammerte seinen mageren Hals mit ihren vom Tennisspielen recht kräftig gewordenen Händen und drückte zu. Er starb so schnell, daß sie es gar nicht begreifen konnte. Sie starrte auf den grünen Schein in seiner Hand. Plötzlich fiel es ihr wie Schuppen von den Augen. Die Regierung ließ seit Jahren keine Zehndollarnoten mehr drucken! Das Geld war gar nicht mehr gültig!

„Was haben Sie ihm angetan?“ fragte eine Stimme hinter ihr. Es war Miss Suratt.

„Was ich *ihm* angetan habe?“ Coral hob ihre Mörderhände an die Augen. „Was hat er *mir* angetan?“

Vorsicht bei schönen Damen!

Es gab eine Zeit, da zogen es die reichen Damen von Manhattan vor, nicht mit ihrem kostbaren Schmuck auszugehen. Statt dessen trugen sie billige Glasimitationen oder überhaupt keinen Schmuck. Sollten sie sich etwa nach einem Theaterabend oder einer Dinnerparty auf der Straße dumm anreden oder gar überfallen lassen? Aus diesem Grund machte ich mir keine übergroßen Hoffnungen, als ich in der Vorhalle des *Plaza-Hotels* herumlungerte und die eintreffenden Gäste für den Wohltätigkeitsball beobachtete.

Doch plötzlich, ich traute meinen Augen kaum, kam sie durch die Schwingtür geschwebt, so, als läge ihr die ganze Welt zu Füßen. Sie war zart gebaut und auffallend schön in ihrem enganliegenden goldglänzenden Abendkleid, wie eine Göttin in einem fernen, halbvergessenen Traum. Meine Augen waren allerdings weniger auf ihr hübsches Gesicht oder ihre schlanke Taille als vielmehr auf das glitzernde Diamanthalsband gerichtet, das ihren zerbrechlichen Schwanenhals zierte. So ein Prachtexemplar hatte ich seit Jahren nicht gesehen, und ich war geradezu geblendet von dem Funkeln und Blitzen der magischen Steinchen, als die Diva, gefolgt von einem älteren Herrn im Smoking, die Halle durchquerte.

Mein geschultes Auge verriet mir sogleich, daß es echte Steine waren. Die Lady gehörte nicht zu der Sorte von Frauen, die sich nachgemachten Firlefanz um den Hals hängen. Sie hätte außerdem auch ohne Diamanten Aufsehen genug erregt. Wenn sie also beschlossen hatte, eine Kette zu tragen, dann war die garantiert echt.

Kurz darauf verließ ich die Hotelhalle. Ich hatte mir bereits einen ziemlich genauen Plan zurechtgelegt. Aus langjähriger Erfahrung wußte ich, daß diese Art von Festlichkeiten kurz vor Mitternacht zu Ende ging. Bis dahin würde ich alle notwendigen Vorbereitungen getroffen haben. Ich fuhr zu meiner Wohnung und steckte meinen Revolver ein, außerdem einen anklebbaren Schnurrbart und eine Gumminase, die ich bei solchen Anlässen zu tragen pflege. Dann mußte ich eine wichtige Entscheidung treffen. Ich hätte das Ding gern allein gedreht und auf die Hilfe von Sammy verzichtet. Aber konnte ich das riskieren? Bei so einem hübschen Frauenzimmer konnte man nie wissen, ob der Begleiter sich nicht vielleicht genötigt sah, den Helden zu spielen, und dann hätte ich einen Mord am Hals.

Etwas widerwillig beschloß ich, Sammy mitzunehmen, um mir den Mann vom Leibe zu halten, während ich mich mit der Lady beschäftigte. Es würde mich nur einen Tausender kosten, vielleicht sogar weniger, wenn Sammy knapp bei Kasse war, und Sammy war immer knapp bei Kasse.

Ich wählte seine Nummer und lauschte auf die vertraute Begrüßungszeremonie: „He, Chef, wie geht's? Was machen die Geschäfte? Lange mehr kein Ding zusammen gedreht!"

„Ich brauche jemanden für heute nacht, Sammy. Eine Stunde Arbeit, vielleicht auch weniger."

„Klar, Chef. Du weißt, auf mich kannst du zählen. Wieviel machst du locker?"

„Fünfhundert."

„Mit Schießeisen?" fragte Sammy.

„Ja."

„Dann muß schon ein Tausender für mich rausspringen, das weißt du doch, Chef!"

Ich zögerte. Es sollte so aussehen, als hätte ich nicht mit der Summe gerechnet. „In Ordnung. Aber nur, weil du's bist." Dann erklärte ich ihm in allen Einzelheiten, was er zu tun hatte. Es war kein schwieriger Job. Ich hatte mit Sammy schon kniffligere Sachen gemeistert. Mit ein paar Tricks konnten wir die Polizei leicht an der Nase herumführen.

Ich wartete vor dem *Plaza*, als die ersten Gäste den Ball verließen und zu ihren Luxuslimousinen eilten oder die Portiers baten, ein Taxi herbeizuwinken. Dies war der heikelste Teil des ganzen Unternehmens. An diesem

Punkt konnte vieles schiefgehen. Wenn bei Sammy alles nach Plan gelaufen war, dann hatte er vor etwa dreißig Minuten an einem Selbstbedienungsrestaurant für Taxifahrer ein Taxi gestohlen. In diesem Augenblick müßte er auf der 59. Straße am Eingang zum Central Park stehen und auf mein Zeichen warten. Wenn wir Glück hatten, würde Sammy mein Zeichen erhalten, bevor die Polizei den gestohlenen Wagen entdeckt hatte. Dann kam es darauf an, daß sich Sammy richtig in die Schlange einreihte.

Ich hoffte, die Dame mit dem Diamanthalsband würde in einer größeren Gruppe erscheinen. Wenn sie in einer Schlange auf ein Taxi warten würde, könnte man den richtigen Zeitpunkt leichter berechnen. Stand sie zum Beispiel mit ihrem Begleiter als vierte in der Schlange, dann konnte Sammy sein Taxi ohne große Schwierigkeiten an die vierte Stelle mogeln. Vor dem *Plaza*-Eingang haben nur wenige Taxis Platz. Sie mußten entweder von der 59. Straße oder direkt vom Central Park einbiegen. In beiden Fällen müßte es einem geschickten Fahrer wie Sammy gelingen, sich in die richtige Position zu schieben.

Was aber, wenn die Dame mit ihrem eigenen Wagen gekommen war, einer großen schwarzen Limousine mit Chauffeur? Auch dafür hatte ich mir einen Plan zurechtgelegt. Sammy würde mich in seinem Taxi auflesen und sie verfolgen. Ich hoffte jedoch auf die erste Möglichkeit. In diesem Fall würde ihr Begleiter nicht so leicht auf den Gedanken kommen, den Beschützer zu spielen.

Ich wartete schon eine halbe Stunde und wurde allmählich unruhig. Die meisten Gäste waren bereits gegangen, und die Portiers brauchten nur noch gelegentlich ein Taxi herbeizuwinken. Ich zog hastig an meiner Zigarette, während meine linke Hand in der Manteltasche nervös mit der Gumminase spielte. Je länger ich hier herumlungerte, desto größer war die Gefahr, daß mich einer der Bullen erkannte, die Streife fuhren.

Dann endlich sah ich sie wieder. Wie ein berühmter Filmstar schritt sie die Treppe hinunter. Meine Augen wurden magisch von dem Diamanthalsband angezogen. Beinahe hätte ich vergessen, Sammy ein Zeichen zu geben. Es waren zwei Paare vor ihr, aber sie schienen zusammenzugehören. Sie brauchten also nur ein Taxi. Ich schaute verstohlen über meine Schulter und hob meinen Arm, so, als wollte ich mich am Kopf kratzen. Sekunden später bog Sammy aus der 59. Straße ein und rollte vor den Hoteleingang.

Er war der dritte in der Schlange. Die Dame mit dem Halsband würde in das Taxi vor ihm steigen.

„Entschuldigen Sie", sagte ich plötzlich und drängte mich vor die Dame mit ihrem Begleiter.

„Unverschämt", brummte der Mann. „Das ist unser Taxi!"

Ich war schon auf den Sitz gekrochen und schlug die Tür hinter mir zu. Als wir losfuhren, sah ich, daß sie sich Sammys Taxi zuwandten.

„Wohin, Mister?" fragte mein Fahrer.

Ich zögerte, denn ich wollte sehen, welche Richtung Sammys Taxi einschlagen würde. Es überholte uns und bog rechts in die 58. Straße ein. „Achtundfünfzigste", sagte ich. „Bleiben Sie hinter dem Taxi da."

„Sie meinen, ich soll sie verfolgen?"

„Bleiben Sie nur hübsch dahinter." Ich hatte zwar nicht, wie ursprünglich geplant, in Sammys Taxi springen können, aber so, wie es jetzt lief, war's vielleicht noch besser.

Das Taxi vor uns glitt durch die dunklen Straßen und hielt schließlich vor einem Appartementhaus am Sutton Place. Ich drückte meinem Fahrer ein paar Dollarnoten in die Hand und schlüpfte hinaus. Der falsche Schnurrbart und die Gumminase waren im Handumdrehen angelegt.

Wie ich gehofft hatte, stieg die Dame als erste aus dem Wagen, während ihr Begleiter nach dem nötigen Kleingeld suchte, um Sammy zu bezahlen. Mein Taxi war bereits um die Ecke gebogen, als ich den Wagen erreichte, die Tür zuschlug und die Frau beiseite zog. Sammy wußte, was er zu tun hatte. Er trat aufs Gaspedal, und das Taxi schoß mit dem unfreiwilligen Fahrgast davon.

„Was soll das?" keuchte die Frau sichtlich entsetzt.

Wir standen uns auf dem Gehsteig gegenüber. Ihre Diamanten funkelten im Licht der Straßenlaterne. Ich zeigte ihr den Revolver und sagte: „Sie wissen, was ich will. Also nehmen Sie's schon ab."

Ich hörte ein Geräusch zu meiner Rechten und sah den Portier aus der Haustür treten. Blitzschnell drehte ich mich um und richtete meine Waffe auf ihn. „Keine

Bewegung. Sonst knallt's." Dann, an die Dame gewandt: „Los, her mit der Kette. Und keine Mätzchen."

Sie bewegte ihre Hände zum Hals. Der Portier stand hilflos daneben. Sammy war mit ihrem Freund oder Ehemann längst außer Sichtweite. Ihr blieb keine andere Wahl. Doch als sich unsere Blicke kreuzten, las ich etwas in ihren Augen, etwas, das ich nicht so richtig enträtseln konnte.

„Ich nehme an, es hat keinen Zweck, mit Ihnen zu verhandeln", sagte sie ruhig.

„Richtig erkannt", erwiderte ich. „Sie sollten übrigens in Zukunft vorsichtiger sein und Ihren Schmuck nicht auf der Straße spazierenführen."

Sie öffnete den kleinen Verschluß und reichte mir die Kette. In diesem Augenblick, im Schein der Straßenbeleuchtung, sah ich es – eine Reihe von jeweils fünf Fingerabdrücken an ihrem Hals. Und ich begriff, daß sie die kostbare Kette nur aus einem Grunde getragen hatte: um die blauen Flecken an ihrem Hals zu verbergen.

„Vielen Dank", sagte ich und bewegte mich drei Schritte rückwärts, um sie beide in Schach halten zu können. Unsere Blicke kreuzten sich noch einmal für einen ganz kurzen Augenblick. Dann rannte ich davon.

Sammy wartete bereits vor meiner Wohnung auf mich.

„Lief alles wie geschmiert, Chef. Ich fuhr den Kerl ein paar Blocks weiter und setzte ihn am East River ab. Dann kehrte ich um und ließ den Wagen am Central Park stehen.

Hast du das Ding?"

Ich zog das Diamanthalsband aus der Manteltasche und legte es auf den Tisch. „Ja, mein Lieber", erwiderte ich, „hat alles bestens geklappt."

„He, das ist ja ein Prachtstück!"

„Sonderbar", sagte ich nachdenklich, „ich glaube, sie trug es nur, um ein paar blaue Flecken an ihrem Hals zu verbergen."

„Ist doch gleich, warum sie die Kette getragen hat. Hauptsache, sie gehört jetzt uns."

„Du hast recht", erwiderte ich. „Ich werde morgen versuchen, das Ding an den Mann zu bringen."

„Und was ist mit meinem Zaster?"

„Du brauchtest dich ja nicht gerade anzustrengen für diesen Job."

„Ich hab dir den Kerl vom Hals gehalten, oder etwa nicht? Du wärst mit den beiden allein nicht fertig geworden. Ohne mich läge das Kettchen jetzt nicht hier."

„Vielleicht", murmelte ich und starrte auf die Halskette. „Kannst du nicht warten, bis ich sie verkauft habe?"

„Unmöglich, Chef. Wenn ich warte, muß mehr als ein Riese für mich rausspringen."

„Okay", erwiderte ich und seufzte. Es war ohnehin besser, wenn er mit der Sache nichts mehr zu tun hatte. Ich ging ins Schlafzimmer und holte das Geld. „Hast du auch keine Fingerabdrücke am Taxi hinterlassen?"

„Natürlich nicht! Ich bin doch kein Anfänger." Er nahm das Geld und zählte es sorgfältig. Bei dieser Art von

Geschäften traut man selbst seinem engsten Partner nicht.

„Ich ruf dich bald an“, sagte ich und begleitete ihn zur Tür.

„Okay. Mach's gut, Chef.“

Ich schloß die Tür hinter ihm zu und setzte mich, um mir meine Beute genauer anzusehen. Die Steinchen funkelten in den verschiedensten Farben. Und wie ich sie so gedankenvoll betrachtete, sah ich wieder die dunklen Flecken am Hals der feinen Dame vor mir . . . Spuren von zwei Händen, die versucht hatten, sie ins Jenseits zu befördern.

War sie überfallen worden? Vergewaltigt? Oder hatte sie der Mann angegriffen, der sie begleitete? War er ihr Ehemann oder ihr Liebhaber? Ich suchte eine Antwort auf meine Fragen.

Das Risiko, ganz offen ein Diamanthalsband zu tragen, war sie sicher nur deshalb eingegangen, weil sie die Fingerabdrücke an ihrem Hals verbergen wollte. Verständlicherweise war ihr nicht daran gelegen, daß ganz New York von der Sache erfuhr. Wußte ihr Begleiter von den seltsamen Flecken? War sie von einem heimlichen Liebhaber im Augenblick des Zorns angegriffen worden?

Ich schob das Halsband beiseite. Ich war wieder mal auf dem besten Wege, mich eher wie ein Detektiv als wie ein Dieb aufzuführen.

Am folgenden Tag gegen Mittag kaufte ich eine Zeitung und las auf der ersten Seite: „Dame der Gesellschaft von Juwelendieb angegriffen.“ Daneben befand sich ein großes Foto von Mrs. Arnold Madison, auf dem deutlich die Flecken an ihrem Hals zu erkennen waren. Laut Zeitungstext sollten die blauen Flecken von dem Dieb, also von mir, stammen. Angewidert legte ich die Zeitung beiseite. Der Portier war doch Zeuge gewesen, zum Teufel! Er mußte wissen, daß das nicht stimmte.

Sicherlich hatte sie ihm ein paar Scheine zugesteckt, damit er den Mund hielt. Das dürfte nicht schwierig gewesen sein. Und jetzt konnte sie wieder ungeniert in der Öffentlichkeit erscheinen, weil sie eine einleuchtende und unverfängliche Erklärung für ihre blauen Flecken hatte. Und ich mußte dafür herhalten. Verdammt!

Diese Rolle, die ich da unfreiwillig aufgehalst bekommen hatte, gefiel mir ganz und gar nicht.

Ich las den Artikel ein zweites Mal durch und starrte lange Zeit auf ihr Gesicht und die blauen Flecken an ihrem Hals.

Dann beschloß ich, sie wiederzusehen.

„Mrs. Arnold Madison?"

Die Stimme am anderen Ende der Leitung schien zu zögern. „Ja?"

„Ich habe in der Zeitung von dem Raubüberfall gelesen. Wirklich eine schreckliche Sache."

„Mit wem spreche ich?"

„Das ist unwichtig", sagte ich. „Ich bin nur jemand, der Ihnen vielleicht dazu verhelfen könnte, Ihre Halskette zurückzubekommen."

„Bitte rufen Sie die Polizei oder die Versicherungsgesellschaft an, wenn Sie irgend etwas über den Diebstahl wissen."

„Mrs. Madison ..."

„Mit wem spreche ich?" fragte sie erneut.

Ich hörte sie tief atmen und wußte, daß sie meine Stimme wiedererkannt hatte. „Sie sind der Mann, der mich überfallen hat!"

„Ja, aber nicht der Mann, der versucht hat, sie zu erwürgen."

„Was wollen Sie?" Ihre Stimme war eiskalt und erinnerte mich an das Zischen einer Schlange, die sich in die Enge getrieben fühlt.

Was wollte ich? Eine gute Frage. „Ich möchte Sie sehen und über Ihr Diamanthalsband sprechen. Vielleicht können wir uns einigen."

„Wieviel wollen Sie?"

„Mein Preis ist vernünftig. Ich denke, wir werden uns einigen können."

„In Ordnung", sagte sie nach kurzem Zögern. „Sie können zu mir kommen."

„Nein danke, ich hab was gegen die Polizei."

„Wo dann? Ich habe etwas gegen Juwelendiebe."

„Kennen Sie die Blumenschau im Bryant Park? Sie ist in einem riesigen Zelt untergebracht. Sie können es gar nicht übersehen." Ich hatte absichtlich einen Ort ausgesucht, an dem sich viele Menschen aufhielten.

„Gut, ich komme. Und wann?"

„Vier Uhr." Sie sollte keine Zeit haben, es sich anders zu überlegen. Wer weiß, vielleicht würde sie sonst doch noch die Polizei alarmieren.

„In Ordnung."

Ich legte auf und verließ eilig die Telefonzelle. Ich wußte zwar, daß man meine Spur nicht so schnell aufnehmen konnte, doch ich wollte jedes überflüssige Risiko meiden.

Das große gestreifte Zelt im Bryant Park erreichte ich gegen zehn Minuten vor vier. Ich hielt Ausschau nach Polizisten in Zivil, die ich eventuell vom Sehen her kannte. Alles schien normal, und um Punkt vier sah ich sie aus dem Taxi steigen und den Park betreten. Sie war allein.

Ich war ziemlich sicher, daß sie mich ohne Schnurrbart und Gumminase nicht sofort erkennen würde. So strich ich mehrere Male unbemerkt um sie herum und versicherte mich, daß wir nicht beobachtet wurden. Als sie bewundernd vor einer seltenen Orchidee stehenblieb, sprach ich sie schließlich an.

„Haben wir uns nicht schon irgendwo gesehen?" fragte ich ruhig.

Sie wandte sich lächelnd um. „Ich denke schon. Allerdings sehen Sie ohne Schnurrbart doch ganz anders aus."

„Gefällt Ihnen die Blumenschau?"

„Um ehrlich zu sein, ich habe mich bislang wenig mit Blumen und Gärtnerei beschäftigt." Sie trug einen Rollkragenpullover, der geschickt die Druckstellen an ihrem Hals verbarg.

„Tut mir leid, die Sache mit gestern nacht." Mir war klargeworden, daß ich recht daran getan hatte, sie zu treffen. Sie barg ein Geheimnis, das ich unbedingt aufdekken mußte, selbst wenn es mir nur darum ging, meine Neugier zu befriedigen.

„Warum sollte es Ihnen leid tun? Ich nehme an, es ist Ihr Beruf." Sie sah mir zum erstenmal offen in die Augen. „Ich finde, Sie sehen sehr viel sympathischer mit Ihrer eigenen Nase aus."

„Danke. Haben Sie die Polizei alarmiert?"

„Nein. Ich fühle mich sicher genug hier." Wir schlenderten aus dem Zelt und ließen uns auf einer Bank nieder.

„Nun, was ist mit meiner Halskette?"

„Sind Sie bereit, sie zurückzukaufen?"

„Die Versicherungsgesellschaft..."

„Ich verhandle nicht mit Versicherungsgesellschaften. Sie können meinetwegen die Versicherungssumme und die Kette haben."

„Das wäre gegen das Gesetz."

Ich zuckte mit den Achseln. „Sie hätten die Kette gestern nacht nicht tragen sollen. Eine schöne Frau wie Sie hat es gar nicht nötig, Diamanten zu tragen."

„Danke für das Kompliment. Ich dachte immer, höfliche und zuvorkommende Gangster gäbe es nur in schlechten Romanen."

„Ich bin sicher kein zuvorkommender Gangster. Trotzdem ist es nicht meine Art, meine Opfer zu würgen. Warum haben Sie der Polizei das gesagt?"

Sie hob die Schultern. „Sie sahen die blauen Flecken und zogen sofort ihre Schlüsse. In diesem Fall wäre die Wahrheit zu kompliziert gewesen."

„Sie meinen die Tatsache, daß Ihr Mann versucht hat, Sie umzubringen?"

Sie sah mich verwirrt, fast erschrocken an. „Warum sagen Sie das?"

„Ich war mir nicht sicher, bis ich erfuhr, daß der Mann im Taxi Ihr Ehemann war. Irgend jemand wollte Sie erwürgen, und Sie haben es nicht der Polizei gemeldet. Sie trugen die Halskette, um die blauen Flecken zu verbergen. Vor Ihrem Ehemann oder nur vor den anderen Besuchern des Wohltätigkeitsballs? Ich nehme an, Sie trugen die Kette nicht den ganzen Tag im Haus. Wenn Sie die Flecken vor Ihrem Mann verheimlichen wollten, hätten Sie sie eher mit Make-up und nicht mit einer Halskette verdeckt. Und wenn er von den Flecken wußte, ist anzunehmen, daß er sie selbst verursacht hat."

„Sie sind wirklich sehr clever."

„Danke."

Unsere Blicke trafen sich erneut. „Lassen Sie uns zum geschäftlichen Teil kommen. Wieviel wollen Sie für das Diamanthalsband?"

„In Anbetracht der derzeitigen Wirtschaftskrise ist es bestimmt eine Viertelmillion wert."

„Ich habe es für die Hälfte des Betrages versichern lassen. Und ein Hehler würde Ihnen ein Viertel des Betrages geben, stimmt's?"

„Sie scheinen sich in diesen Geschäften bestens auszukennen, wirklich erstaunlich!“

„Mein Mann und ich sind gewillt, fünfzigtausend Dollar zu bezahlen.“

Sie war bereit zu handeln, das überraschte mich. Ich hatte eher damit gerechnet, hereingelegt oder zumindest in irgendeiner Weise hingehalten zu werden.

„Fünfundsiebzig“, erwiderte ich, um mir meine Überraschung nicht anmerken zu lassen.

„Sie schüttelte den Kopf. „Fünfzig oder nichts.“

„Sie werden gleichzeitig die Entschädigung der Versicherung einkassieren?“

„Das ist meine Sache. Ja oder nein?“

Ich starrte auf das große gestreifte Zelt und dachte nach. Bis hierher hatte mich der Spaß einen Tausender gekostet, um Sammy auszuzahlen. Ein Reingewinn von neunundvierzigtausend war wohl nicht zu verachten, noch dazu, wo mir dadurch das Risiko erspart bleiben sollte, mich selbst um den Verkauf der Kette zu kümmern.

„Okay, abgemacht.“

Die Nervosität und Angespanntheit in ihrem Gesicht verflogen, und ich fragte mich, warum ihr so sehr an diesem Handel gelegen war. „Sehr gut“, meinte sie. „Paßt es Ihnen heute... sagen wir, heute abend?“

„Warum nicht?“ Ich wollte die Sache jetzt so schnell wie möglich vom Halse haben. „Wo soll die Übergabe stattfinden?“

„In meiner Wohnung.“

Ich schüttelte den Kopf. „Das könnte eine Falle sein. Ist mir zu riskant."

„Sie vertrauen mir also noch immer nicht?"

„Vertrauen Sie mir etwa?"

„Da kann man nichts machen", sagte sie seufzend. „Wählen Sie einen anderen Ort aus. Natürlich nicht in aller Öffentlichkeit."

Damit hatte sie allerdings recht. Ich überlegte, ob ich Sammy ein weiteres Taxi stehlen lassen sollte, schlug mir jedoch den Gedanken gleich wieder aus dem Kopf. Sammy wurde in letzter Zeit immer habgieriger; er würde mich nur Geld kosten. „Wie wär's mit dem Untergeschoß des Hauptbahnhofs?" schlug ich vor. „Es ist nachts geschlossen, aber man kommt trotzdem ohne Schwierigkeiten runter."

„Prima. Um neun Uhr?"

„Abgemacht. Bis dann."

Ich erhob mich von der Bank und entfernte mich mit hastigen Schritten. Es schien mir niemand zu folgen, doch ich wollte, wie immer, kein Risiko eingehen. Ich betrat eine Buchhandlung in der 42. Straße, nahm den Aufzug zum ersten Stock und verließ das Geschäft durch einen Nebeneingang zur 5th Avenue. Dann sprang ich auf einen überfüllten Bus und fuhr zu meiner Wohnung. Dort wartete ich.

Je näher der Zeitpunkt unseres Treffens heranrückte, desto unruhiger wurde ich. Ich würde mich also im Untergeschoß des Hauptbahnhofs einfinden, mit einem

Diamanthalsband in der Hand, um es gegen fünfzigtausend Dollar einzutauschen.

Wie konnten Mrs. Madison und ihr Mann in so kurzer Zeit eine derart hohe Geldsumme auftreiben? Als ich sie getroffen hatte, war es bereits vier Uhr, und die Banken hatten schon geschlossen. Selbst reiche Leute wie die Madisons würden keine solchen Riesensummen Bargeld zu Hause rumliegen haben.

Es konnte also nur eine Falle sein.

Aber wenn sie mich wirklich in eine Falle locken wollten, warum hatten sie es nicht schon heute nachmittag im Bryant Park versucht? Die Antwort lag auf der Hand: Heute nachmittag hatte ich die Halskette nicht dabeigehabt. Heute abend aber trug ich sie bei mir, und die Polizei würde mich mit dem Beweismaterial in der Hand erwischen. Doch ich hatte mir bereits ein paar Tricks ausgedacht. So leicht ließ ich mich nicht aufs Kreuz legen.

Ich kam ziemlich früh am Bahnhof an. Das wertvolle Halsband war in einer Bonbontüte eingepackt, die ich vorher gekauft hatte. An der Treppe zum Untergeschoß fand ich ein leeres Schließfach; dort verstaute ich die Tüte. Den Schließfachschlüssel steckte ich in einen Umschlag, den ich unter den Schwingdeckel eines Abfalleimers klebte. Dort würde er sicherer sein als in meiner Hosentasche.

Das Untergeschoß des Bahnhofs, wo ich Mrs. Madison und ihren Mann treffen sollte, war vollständig leer. Ich wußte zwar, daß der Ort gelegentlich von Bahnhofsaufsehern kontrolliert wurde, hoffte aber, daß wir in der kurzen Zeit nicht gestört würden.

Die Madisons tauchten pünktlich um neun Uhr auf. Sie hatte ihre Hände tief in den Taschen ihres schwarzen Mantels vergraben, während er mit den Armen schlenkerte und sich augenscheinlich äußerst unwohl in seiner Haut fühlte. Ich hatte ihn nur für einen kurzen Augenblick vor dem Eingang des *Plaza-Hotels* gesehen. Trotzdem war ich sicher, daß es derselbe Mann war, Arnold Madison höchstpersönlich.

„Nun", begann er, als wir uns gegenüberstanden, „Sie sind also der Mann, der den Raubüberfall gestern abend begangen hat..."

„Lassen Sie uns die Angelegenheit so schnell wie möglich erledigen", unterbrach ich ihn.

„Haben Sie die Halskette bei sich?" Er war ein großgewachsener Mann mit kalten, grauen Augen. Ich fand ihn vom ersten Augenblick an unsympathisch. Seine Finger waren lang und hager; ich konnte mir gut vorstellen, daß die Druckstellen an ihrem Hals von ihnen stammten.

„Ich hab sie dabei. Zeigen Sie mir Ihr Geld." Wenn die Polizei in diesem Moment aufkreuzen würde, konnte mir nichts Belastendes nachgewiesen werden.

Es kam jedoch keine Polizei. „Zeig ihm das Geld", sagte Madison zu seiner Frau.

„Mit Vergnügen." Langsam zog sie ihre rechte Hand aus der Manteltasche. Zuerst bemerkte ich den schwarzen Handschuh, dann die Pistole, ein billiges Kleinkaliber, das fast ganz in ihrer Hand verschwand. „Tut mir leid“, sagte sie zu mir und hob die Waffe.

Dann schoß sie ihrem Ehemann durch die Schläfe.

Alles geschah derart schnell, daß ich keine Chance hatte, zu fliehen, und auch keine Zeit fand, Mr. Madison zu warnen. Als er tot zu meinen Füßen lag, schleuderte sie die Pistole zu Boden und fing an, laut zu schreien. In diesem Augenblick durchschaute ich ihr hinterhältiges Spiel. Das erste Treffen mit mir und die Verabredung heute abend waren nur Teil eines ausgeklügelten Plans. Sie wollte nichts anderes als ihren Ehemann loswerden, der versucht hatte, sie umzubringen. Aus irgendeinem Grund – Geld? Gesellschaftlicher Stand? – war eine Scheidung nicht in Frage gekommen. Jetzt hatte sie ihn getötet und konnte mir ohne weiteres die Schuld in die Schuhe schieben.

Ich sollte also den Sündenbock spielen! Deshalb hatte sie mich um Verzeihung gebeten, bevor sie abdrückte. Nach dem Schuß und dem Geschrei würde die Polizei angerückt kommen. Man würde die Waffe zu meinen Füßen und die Halskette in meiner Hosentasche finden. „Prominenter wurde bei Verhandlungen mit einem Juwelendieb niedergeschossen.“ Man würde natürlich ihr glauben und nicht mir.

Nun war aber die Halskette nicht in meiner Hosentasche. Das konnte meine Rettung sein.

Ein Bahnhofsaufseher erschien, gefolgt von uniformierten Polizisten. Mrs. Madison stand noch immer laut schreiend über den toten Körper ihres Mannes gebeugt.

„Er war's", rief sie und zeigte auf mich. „Er hat auf meinen Mann geschossen!"

„Es war ganz anders", sagte ich zu einem der Polizeibeamten. „Ich hörte Lärm und wollte nachsehen, was los ist. Die beiden stritten, aber bis ich sie erreichte, war es schon zu spät."

„Er lügt!" tobte sie. „Er hat mein Diamanthalsband gestohlen! Es ist in seiner Tasche."

Der Polizist musterte mich mißtrauisch. Schon waren wir von einer neugierigen Menge umgeben, die durch das Geschrei angelockt worden war. „Ich habe nichts in meinen Taschen", sagte ich ruhig. „Bis auf meinen Ausweis. Sie sollten lieber den Handschuh der Dame untersuchen. Es sind sicher noch Teilchen von Schießpulver dran."

„Glauben Sie ihm nicht!" schrie sie.

„Was für ein Ausweis?" fragte mich der Polizeibeamte.

Ich zog meine Brieftasche hervor, um ihm meinen Personalausweis und meinen Dienstausweis zu zeigen. „Staatlich anerkannter Detektiv, Charles Barnes. 91. Bezirk. Sie können anrufen und sich vergewissern, wenn Sie wollen."

Die Dame riß entsetzt Mund und Augen auf.

Wenn man Bulle und Dieb zu gleicher Zeit ist, kann man manchmal in ganz schön kritische Situationen geraten. Es kann einem aber auch helfen, sich wieder mit List aus der Klemme zu ziehen ...

Jetzt ist alles vorbei

Selbstmord wird in unserem kleinen texanischen Städtchen mehr verurteilt als Mord. Das mag daran liegen, daß die meisten der Morde hier – es sind übrigens im ganzen gesehen sehr wenige – in der Hitze der Leidenschaft und damit aus ersichtlichen Motiven geschehen. Bei Selbstmord aber bleibt der Grund, warum ein Mensch beschließt, seinem Leben ein Ende zu machen, zumeist ein Geheimnis, das der Selbstmörder mit ins Grab nimmt. Dies ist der Grund, warum die Einwohner unseres Städtchens so entsetzt waren, als sie erfuhren, daß sich Wade Ponder eine Kugel durch den Kopf gejagt hatte.

Ich selbst war noch fassungsloser als die meisten anderen. Nicht daß ich ihn so gut gekannt hätte – ich hatte ihn höchstens ein halbes Dutzend mal gesehen –, doch in jenem Jahr, als Mr. Ponder mit seiner Familie nach Conroe County zog, hatte ich seine Tochter Rita fast jeden Nachmittag von der Schule nach Hause begleitet.

Die Ponders bewohnten das Farmhaus oberhalb von Sheriff Jasons Häuschen.

Rita war ein zierliches, dunkelhaariges, ernstes Mädchen mit riesigen, schwarzen Augen. Wenn sie mal lächelte, was ziemlich selten geschah, kam das ganz unerwartet. Sie sah dann richtig süß aus. Sie hatte etwas Sonderbares an sich und vermittelte den Eindruck, als trüge sie ein Geheimnis mit sich herum, das schwer wie ein Stein auf ihr lastete. Oft schlenderten wir den langen Heimweg nebeneinander her, ohne ein einziges Wort zu wechseln.

„Ich möchte wetten, Jason, daß mit dem Mädchen etwas nicht stimmt“, sagte Tante Beth eines Tages beim Abendessen zu ihrem Mann. „Sie kommt mir vor, als wäre sie alt zur Welt gekommen. Manchmal lädt Kyle sie zum Nachmittagskaffee ein; dann sitzen die beiden da, trinken Milch und knabbern Kekse und reden kein einziges Wort. Nach einer Weile haucht sie ein leises, höfliches ‚Danke‘ und schlüpft aus der Tür. Unterhaltet ihr euch denn nie, wenn ihr zusammen seid, Kyle?“

„Nun laß doch den Jungen in Ruhe“, knurrte Sheriff Jason. „Sicher hat er ein Auge auf sie geworfen. Ich weiß noch, als ich in seinem Alter war, habe ich auch nicht viel gesprochen, wenn ich eine kleine Freundin hatte.“

„Ein Auge auf sie geworfen! Kyle ist doch kaum den Kinderschuhen entwachsen.“

„Das Alter spielt dabei keine Rolle“, erwiderte Sheriff Jason. Dann kicherte er in sich hinein. „Ich würde sagen, der Junge hat ein ganz anderes Problem. Er ist doch schon in seine neue Lehrerin, Vera Townes, verknallt. Und zwei gleichzeitig . . ."

Ich spürte, wie mir die Schamröte ins Gesicht schoß und beugte mich tief über meinen Teller.

Tante Beth war nicht meine richtige Tante. Die beiden hatten mich aufgenommen und großgezogen, als meine eigentliche Tante gestorben war. Sheriff Jason war zwar nur Hilfssheriff, aber das reichte für unsere kleine Stadt, in der nicht viel los war, in den meisten Fällen völlig. Er war glatzköpfig und von plumper Gestalt. Viele sagten, er sei zu langsam, um eine Fliege zu fangen. Für mich aber war er der klügste Mann auf der Welt.

Tante Beth hatte unrecht, als sie sagte, Rita würde nie den Mund aufmachen. Manchmal war sie regelrecht verzaubert und redete wie ein Buch.

Auf unserem täglichen Heimweg von der Schule kamen wir an der Tankstelle vorbei. Fast immer saß Sheriff Jason dann auf einer umgekippten Kiste, um ihn herum standen so an die zehn Männer. Er besaß kein Büro – dazu mußten Tankstelle und Kiste herhalten. Wie er immer gern betonte, konnten neunzig Prozent der rechtlichen Probleme seiner Stadt an diesem Ort gelöst werden. Ein Büro war also völlig überflüssig.

Die Schar seiner Zuhörer war gewöhnlich sehr groß. Wir befanden uns in den dreißiger Jahren, und die Arbeitslosenzahl war sehr hoch. Wenn wir vorbeikamen, pflegte Sheriff Jason uns zuzuwinken, um sogleich, die

Pfeife im Mundwinkel, in seinen Ausführungen fortzufahren.

An einem schönen Herbstnachmittag – das Laub hatte sich rot, gold und braun gefärbt – liefen Rita und ich am Flußufer entlang. Die Haselnußsträucher ließen ihre braunen Früchte fallen, die wir in unseren Schulranzen einsammelten. Nachdem unsere Mappen prall gefüllt waren, ließen wir uns auf einem Baumstumpf nieder, knackten die Schalen mit unseren Zähnen auf und machten uns über den köstlichen Inhalt her.

Es war einer der seltenen Augenblicke, in denen Rita freimütig redete.

„Weißt du, was ich tun will, wenn ich einmal erwachsen bin?"

Es war ein übliches Spiel unter Kindern, doch mit Rita hatte ich es noch nie gespielt. Ich sah sie gespannt an. Ihr Gesicht hatte einen schwärmerischen Ausdruck angenommen. Gleichzeitig aber war es von Wehmut überschattet, so, als wären ihre Träume alt und zerbrechlich.

Sie wartete nicht, bis ich ihre Frage beantwortete. „Ich werde durch die ganze Welt reisen und im Radio singen." Sie warf mir einen argwöhnischen Blick zu. „Glaubst du mir das?"

„Natürlich, Rita", erwiderte ich schnell. „Natürlich glaube ich dir."

Da blitzten ihre Augen zornig auf. „Nein, du glaubst es nicht! Aber ich weiß es ganz genau. Du wirst es schon sehen."

Sie schloß ihre Augen, warf den Kopf zurück und begann zu singen. Ihre Stimme war hell, klar und hübsch. Ich hatte sie schon gelegentlich singen hören, und ihr Gesang gefiel mir. Doch was sie sang, gefiel mir ganz und gar nicht. Es waren Lieder, die man in billigen Tanzlokalen hören konnte. Lieder über hoffnungslose Leidenschaften und Treulosigkeit, schmerzvolle Lieder über unglückliche Liebe, Lieder, die sie eigentlich gar nicht verstehen konnte. Heute sang sie den Schlager „Jetzt ist alles vorbei". Er handelte von einem betrogenen Mädchen, das keinen Sinn mehr im Leben sah und sterben wollte. Angeblich hatte dieser Schlager zu einer ganzen Serie von Selbstmorden geführt.

Als Rita zu Ende gesungen hatte, sagte sie: „Wenn du Gitarre spielen würdest, Kyle, dann könnten wir zusammen auftreten. Ich würde singen, und du würdest mich dabei begleiten."

Ich war etwa so musikalisch wie eine verrostete Gießkanne. Trotzdem sagte ich eifrig: „Oh, weißt du, Rita, ich könnte es lernen."

Plötzlich nahm ihr Gesicht einen merkwürdigen Ausdruck an, und ich fragte mich, ob sie mich überhaupt gehört hatte. Dann war sie mit einem Satz auf den Beinen und lief davon. Ich hatte Mühe, ihr zu folgen.

Ich kannte Anne Ponder, Ritas Mutter, noch nicht und hatte sie bis jetzt nur aus der Ferne gesehen. Das sollte sich an jenem Freitag nachmittag ändern. Rita lud mich das erste Mal zu sich nach Hause ein. Sie tat es ganz unvermittelt, fast etwas trotzig, so, als sollte es eine Herausforderung sein.

Mr. Ponder hatte nicht die Farm, sondern nur das Haus gemietet. Er war kein Landwirt. Er war Vertreter für landwirtschaftliche Maschinen und reiste viel. Das erklärte, warum man ihn so selten sah. Niemand verstand so richtig, weshalb er kein Haus in der Stadt gemietet hatte.

Sheriff Jason, der sich stets über Klatsch und Gerede hinwegsetzte, meinte dazu: „Was ist dagegen einzuwenden, daß er das alte Haus mietet? Heruntergekommen wie es ist, wird es weniger kosten als ein Stadthaus. Und außerdem ist das allein seine Sache."

Ich schätzte Ritas Mutter auf etwa fünfzig Jahre. Später allerdings erfuhr ich, daß sie noch keine vierzig war. Sie war spindeldürr und abgehärmt und sah so ganz anders aus als die Farmersfrauen in der Gegend. Man erkannte sofort, von wem Rita ihren ernsten Gesichtsausdruck hatte; ich sah ihre Mutter nicht ein einziges Mal lächeln. Die Küche war spärlich möbliert, aber sauber. Der abgetretene Holzfußboden war noch feucht vom letzten Schrubben.

Mrs. Ponder stand am Holzkohlenherd und war mit dem Kochen des Abendessens beschäftigt; ihr Gesicht glühte vor Hitze. Als Rita mich vorstellte, strich sie ihr leicht ergrautes Haar aus der Stirn und begrüßte mich: „Hallo, Kyle. Rita hat mir schon viel von dir erzählt." Ihre Stimme besaß einen klagenden Unterton, so, als hätten

Ritas Worte ihrer schweren Lebenslast noch einen weiteren Brocken hinzugefügt.

Ihre Kekse waren bei weitem nicht so gut wie die von Tante Beth. Es waren Zuckerkekse, trocken und zu süß, und die Milch war abgepackt, nicht frisch von der Kuh.

Rita und ich saßen wie immer schweigend am Tisch. Mrs. Ponder ging mit müden, schleppenden Schritten umher; auch sie sagte kein Wort. Ich fühlte mich unbehaglich und dachte angestrengt über eine Ausrede nach, um mich so schnell wie möglich aus dem Staube zu machen, als ich plötzlich Schritte auf der Treppe hörte.

Die Schritte kamen auf die Küche zu. Es war das erste Mal, daß ich Mr. Ponder aus der Nähe sah. Er war groß, schlank und elegant. Es war nicht schwer zu erkennen, woher Rita ihre schwarzen Augen hatte. Mr. Ponder trug einen Anzug, ein weißes Hemd und eine Krawatte und hatte einen Reisekoffer bei sich. Ich muß ihn mit großen Augen angestarrt haben, denn die einzigen Leute, die damals in unserer Gegend wochentags Anzug und Schlips trugen, waren Lehrer und Priester. Sheriff Jason hatte ich auch nur ein einziges Mal mit Krawatte gesehen, und das war bei einer Beerdigung.

Ritas Augen leuchteten auf. „Daddy!"

„Hallo, Liebling. Ich wußte nicht, daß du schon von der Schule zurück bist." Er trat an den Tisch, strich ihr liebevoll durchs Haar und warf einen fragenden Blick auf mich.

„Daddy, das ist Kyle."

„Hallo, Kyle, nett dich kennenzulernen." Er streckte mir die Hand hin, und ich sprang verwirrt auf.

Mrs. Ponder wandte sich an ihren Mann: „Bleibst du denn nie zum Abendessen?" Der klagende Unterton in ihrer Stimme war unüberhörbar.

Er sah sie mit ausdruckslosen Augen an. „Bedaure, nein, Anne. Ich habe morgen früh einen wichtigen Termin, etwa dreihundert Meilen von hier. Die Fahrt dauert mindestens sechs Stunden. Deshalb muß ich gleich weiter."

Mrs. Ponder ließ die Pfanne auf die Herdplatte knallen. „Nie zu Hause, immer unterwegs. Was für ein Familienleben!"

Sie sah vergrämt aus, ihre Stimme war kaum zu hören. Ich verstand nur einzelne Satzfetzen, doch ich nahm an, daß Mr. Ponder die Klagen schon unzählige Male gehört hatte. Er erwiderte sanft: „Es ist mein Beruf, Anne." Und an Rita gewandt: „Bis bald, mein Liebling."

Rita starrte auf den Tisch und murmelte etwas Unverständliches. Mr. Ponders Blick war traurig und hilflos. Er hob die Hand zum Gruß, ließ sie jedoch gleich wieder sinken. Er nickte mir kurz zu und verließ den Raum mit seinem Koffer.

Etwas hatte sich in der Küche verändert. Rita hielt den Kopf über den Tisch gesenkt, und ich sah, daß sie nervös mit den Fingern spielte. Mrs. Ponder schob geräuschvoll Töpfe und Pfannen hin und her; ihr Rücken war steif wie ein Bügelbrett. Als ich Mr. Ponders Wagen starten und losfahren hörte, schlang ich meinen letzten Keks hinunter und ergriff die Flucht. Weder Rita noch ihre Mutter sagten ein Wort.

Sheriff Jason hatte nicht ganz unrecht, als er feststellte, daß ich ein Auge auf Rita *und* auf Miss Townes geworfen hatte. Diese war etwa zur selben Zeit in unser Städtchen gekommen wie die Ponders, vielleicht eine Woche früher. Miss Townes war unsere neue Englisch-Lehrerin. Ich war vom ersten Tag an in sie verliebt. Als ich dann zwei Wochen später Rita kennenlernte und wir nachmittags gemeinsam von der Schule nach Hause gingen, war ich zwischen zwei Lieben hin- und hergerissen.

Miss Townes war klein, rosig wie ein Sonnenaufgang, hatte kupferfarbenes Haar und besaß eine Engelsgeduld. So eine Lehrerin hatte ich noch nie erlebt. Englisch war immer schon mein schlechtestes Fach gewesen; jetzt brachte ich plötzlich gute Noten nach Hause. Natürlich verknallte ich mich auf der Stelle in sie. Wie hätte es auch anders sein können? Die zehn Jahre Altersunterschied machten sie jedoch unerreichbar für mich. Ich konnte sie nur aus der Ferne anbeten.

Andere in unserem Städtchen ließen sich von dem Altersunterschied wenig beeindrucken. Sie schmierten ihr Haar mit Pomade ein, brachten ihre Stiefel auf Hochglanz und umschwirrten Miss Townes von allen Seiten.

„Wie Schmeißfliegen kleben sie an ihr“, bemerkte Sheriff Jason naserümpfend.

Aber die jungen Männer des Städtchens umschwirrten Miss Townes vergebens. Sie entzog sich ihren plumpen Annäherungsversuchen mit einem Lächeln und einem freundlichen Wort.

Wir wußten nicht viel über Miss Townes. Man erzählte, sie sei von einer Schule in Fort Worth zu uns gekommen. Niemand verstand, wie sie nur in ein so abgelegenes Nest wie das unsrige verschlagen werden konnte. Nach den ersten Wochen an unserer Schule begann sie an den Wochenenden wegzufahren. Niemand wußte wohin, doch man nahm an, daß sie Freunde in Fort Worth besuchte. Miss Townes hüllte sich in Schweigen und überging jede Frage mit ihrem üblichen sanften Lächeln.

Der Freitagnachmittag mit Rita am Fluß sollte böse Folgen für mich haben. Miss Townes hatte uns übers Wochenende einen Aufsatz aufgegeben. In meiner Aufregung über Ritas Vorschlag hatte ich das glatt vergessen. Ich vertrödelte den halben Samstag und träumte von der Zeit, wenn ich mit Rita durch die Welt ziehen und ihre Lieder auf der Gitarre begleiten würde. Am späten Samstagnachmittag entdeckte ich eine alte Gitarre auf dem Dachboden. Eine Saite war gerissen, doch das kümmerte mich wenig. Ich klimperte darauf herum und zupfte an den Saiten, bis meine Fingerkuppen schmerzten. Am Sonntagmorgen setzte ich meine Übungen fort.

Am Nachmittag platzte Sheriff Jason der Kragen. Er stieg die Leiter hoch und brüllte: „Verdammt noch mal, Junge, du bringst mich auf die Palme mit deinem unerträglichen Lärm! Hör auf der Stelle damit auf! Was ist nur in dich gefahren?“

Aufs tiefste gekränkt schlüpfte ich aus dem Haus und trieb mich bis zum Abendessen, finster vor mich hin brütend, am Fluß herum. Als ich im Bett lag, fiel mir das Aufsatzthema ein, doch jetzt war es zu spät.

Ich war der einzige in der Klasse, der seinen Aufsatz nicht gemacht hatte. Miss Townes sagte mit ihrer sanften Stimme: „Ich bin sehr enttäuscht von dir, Kyle. Du mußt den Nachmittag hierbleiben, bis der Aufsatz fertig ist.“

Ich war unglücklich, Miss Townes enttäuscht zu haben und Rita außerdem sagen zu müssen, daß ich sie heute nicht nach Hause begleiten konnte. Der Gedanke, in Miss Townes' Klassenzimmer sitzen zu dürfen, tröstete mich jedoch ein wenig. Es war nicht das erstemal, daß ich allein mit ihr war. Ich brauche wohl nicht zu erwähnen, daß ich mit der Arbeit kaum vorankam. Ich saß in der ersten Reihe und schielte die ganze Zeit zum Lehrerpult hinauf. Sie korrigierte eifrig unsere Aufsätze und merkte nichts. Vielleicht tat sie auch nur so, als würde sie meine Blicke nicht bemerken.

Nach einer Viertelstunde konnte ich es einfach nicht mehr aushalten und platzte heraus: „Miss Townes ...“

Sie schaute mich mit ihren schönen braunen Augen an. „Ja, Kyle?“

„Es tut mir leid mit dem Aufsatz. Ich hatte ganz einfach das Thema vergessen. Ich weiß, das ist schlimm, aber es wird nicht wieder vorkommen."

Nach einem Augenblick, der mir wie eine Ewigkeit vorkam, lächelte sie. „Mir tut es auch leid, und weil ich so enttäuscht bin, habe ich dich hierbehalten . . ."

Sie brach ab. Ihre Augen weiteten sich, und ich sah, wie sie nervös an ihrer Unterlippe nagte.

Ich schaute mich um und erkannte Mr. Ponder, der mit großen, energischen Schritten auf das Lehrerpult zuging. Er ging an mir vorbei, als wäre ich gar nicht da. Er stützte sich mit den Händen auf das Pult und beugte sich weit vor. „Warum hast du dich Freitag abend nicht blicken lassen?" Seine Stimme klang fast drohend.

Ihr Blick irrte umher, blieb an mir haften. „Bitte", flüsterte sie, „du darfst nicht so einfach in die Schule kommen."

„Ich mußte! Ich muß wissen, was los ist. Warum bist du nicht gekommen? Habe ich etwas falsch gemacht?"

„Wade . . . Es hat nicht mit dir allein zu tun. Es geht um uns beide. Wir können nicht so weitermachen." Sie blickte ihm jetzt tief in die Augen. Mich hatten sie völlig vergessen. „Du hättest mir nicht von Fort Worth hierher folgen dürfen. Und als du es trotzdem tatest, hätte ich nicht weich werden dürfen. Sie schlug mit ihrer kleinen Faust auf das Pult. „Es muß endlich Schluß sein! Deshalb bin ich am Freitag zu Hause geblieben."

„Das darf nicht dein Ernst sein, Liebling. Nicht nach all dem, was wir durchgemacht haben."

Er ergriff ihre Hand, doch sie zog sie weg. „Es ist mein

Ernst! Es war auch damals ernst gemeint. Wenn du mich nicht in Ruhe läßt, gebe ich meine Stelle auf und ziehe in eine andere Stadt. Es ist vorbei, Wade. Glaub mir, es ist vorbei."

Mr. Ponder schaute sie eine Weile wortlos an. Sie hielt seinem Blick stand und hatte dabei ihren Kopf in den Nacken geworfen. Dann sah er zu Boden, ging und schlug die Klassentür hinter sich zu.

Miss Townes starrte noch lange auf die Tür. Ich machte mich durch ein Räuspern bemerkbar. Sie zuckte zusammen und sah mich durch einen Schleier von Tränen an. „Oh, Kyle!" Sie spielte nervös mit ihren Händen. „Geh nach Hause. Bitte geh sofort."

Ich schlich betrübt aus dem Klassenzimmer.

Am nächsten Nachmittag ging ich mit Rita bis zum Gartentor ihres Elternhauses und trottete dann langsam heim. Wir waren diesmal noch schweigsamer gewesen als gewöhnlich. Es brannte mir zwar auf den Nägeln, ihr zu erzählen, was ich am Tag zuvor im Klassenzimmer belauscht hatte, aber ich wußte nicht, wie ich anfangen sollte. Ich war etwa hundert Meter von ihrem Haus entfernt, als ich plötzlich einen Schuß hörte. Ich rannte zurück, so schnell mich meine Füße trugen. Als ich die Stufen der Veranda erreicht hatte, trat mir Rita entgegen. Ihre Augen waren noch dunkler als sonst, ihr Gesicht war kreidebleich. Trotzdem schien sie völlig gefaßt, als sie zu mir sprach.

„Nein, Kyle, komm nicht rein. Lauf nach Hause und hol

Sheriff Jason. Sag ihm, es sei schrecklich dringend."

Als ich mit Sheriff Jason zurückkam, hatte sich eine Menschenmenge im Vorhof angesammelt, doch niemand wagte sich weiter als bis zur Verandatreppe.

„Du bleibst hier, Kyle", sagte Sheriff Jason knapp und verschwand im Haus.

Tausend Fragen schossen mir durch den Kopf, doch ich fand auf keine eine Antwort. Ich wußte nur, daß ich einen Schuß gehört hatte, und ahnte, daß etwas Furchtbares passiert sein mußte. Es dauerte fast eine halbe Stunde, bis Sheriff Jason aus dem Haus trat. Er beauftragte einen der Männer, in die Stadt zu fahren, um den Sheriff und den Leichenbestatter anzurufen. Er lehnte jede Erklärung ab und bat alle Leute, nach Hause zu gehen. Murrend machten sie sich auf den Weg. Ich blieb zurück in der Hoffnung, einen Blick von Rita zu erhaschen, doch Jason entdeckte mich und rief: „Du gehst auch, Kyle, aber schnell. Und sag Beth, daß ich heute später komme."

Zu Hause erzählte ich Tante Beth alles, was ich wußte. Wir warteten mit dem Abendessen auf ihn, aber erst lange nach Einbruch der Dunkelheit trat Sheriff Jason zur Hintertür herein. Er sah todmüde aus und war sehr ernst. Ich bin sicher, Tante Beth mußte sich sehr zusammenreißen, doch sie verkniff sich jede Frage, bis wir alle drei am Abendbrottisch saßen. Dann erst sagte sie: „Nun, Jason?"

Sheriff Jason seufzte, fuhr sich mit beiden Händen übers Gesicht und fing an zu erzählen. Er hatte Mr. Ponder in seinem Schlafzimmer im ersten Stock gefunden.

Er war völlig bekleidet, lag auf dem Rücken im Bett, ein Zweiundzwanziger-Gewehr neben seiner rechten Hand. Die Kugel war durch den Mund in den Kopf eingedrungen und dann im Gehirn steckengeblieben. Rita und Mrs. Ponder waren keine große Hilfe gewesen. Rita sagte, sie hätte eben erst das Haus betreten, als der Schuß fiel, und ihre Mutter sagte aus, sie sei in der Küche gewesen.

„Sich selbst erschießen!" Tante Beth schüttelte den Kopf. „Warum in aller Welt sollte er das getan haben?"

Sheriff Jason sah auf seinen Teller. „Das scheint niemand zu wissen."

„Selbstmord... Das letzte Mal, als sich in unserer Gegend einer das Leben genommen hat, war ich ein kleines Mädchen."

Er zog die Stirn in Falten. „Wär's dir lieber, man hätte ihn ermordet?"

„Nun, dann würden wir wenigstens wissen..." Sie sprach den Satz nicht zu Ende.

„Was würden wir wissen? Ein Mann liegt tot in seinem Bett. Was ändert das schon, wenn wir wissen warum?"

„Für mich ist es aber von größter Bedeutung, und für die anderen auch. Du wirst schon sehen", sagte Tante Beth.

Sie sollte recht behalten. Allen schien die Frage nach dem Warum sehr wichtig zu sein. Natürlich hüllte man sich bis zur Beerdigung in Schweigen. Fast die ganze Stadt rückte an, vor allem aus Neugier: man kannte die Ponders noch nicht besonders gut. Der Tag war wie geschaffen für eine Beerdigung. Grau und düster hing der Himmel über dem Land. Mrs. Ponder schien einem Nervenzusammenbruch nahe zu sein. Sie lehnte schwer auf Ritas Arm und wurde auf der anderen Seite von Sheriff Jason gestützt. Auch Miss Townes war da. Sie trug Schwarz und stand ein wenig abseits. Obwohl sie blaß und mitgenommen aussah, konnte ich keine Träne in ihren Augen entdecken. Noch bevor die erste Schaufel Erde auf den Sarg fiel, ging sie, und ich sah sie nie wieder. Ich erfuhr später, daß sie ihre Stelle schon vor der Beerdigung aufgegeben hatte.

Zwei Tage später kam ich an der Tankstelle vorbei und sah, daß mehrere Männer um Sheriff Jason versammelt waren. Ich war allein; Rita war noch nicht wieder in der Schule aufgetaucht. Ich drängelte mich dazwischen.

„Warum hat er's wohl getan, Jason?"

„Ich habe nicht die geringste Ahnung. Wer weiß schon bei solchen Dingen Bescheid."

„Hatte er vielleicht eine unheilbare Krankheit?"

„Nicht daß ich wüßte. Aber schließlich bin ich nicht sein Arzt", wehrte Jason ab.

„Wer sich einfach so umbringt, kann nur ein Schuft sein. Er war weder alt noch krank. Außerdem hatte er eine Familie zu versorgen. Und wie mir zu Ohren gekommen ist, hat er Geschichten mit Frauen gehabt."

Sheriff Jason hob ratlos die Schultern. „Also, bitte, was verlangt ihr von mir?"

„Das wissen wir auch nicht. Irgend etwas. Schließlich sind Sie der Sheriff."

„Den Eindruck hab ich auch", gab Sheriff Jason trocken

zurück. „Jedenfalls nennt man mich so, in schlechten Zeiten wie diesen."

Sie ließen auch in den folgenden Tagen nicht von ihm ab, belagerten ihn ständig mit Fragen und Vorwürfen, doch er ließ sich nicht aus der Fassung bringen. Tante Beth war genauso schlimm wie die anderen. Sie gab keine Ruhe. Eines Abends beim Essen sagte sie: „Es ist jetzt schon eine Woche her, und du weißt noch immer nicht, warum sich dieser Ponder umgebracht hat. Stimmt's, Jason?"

„So ist es, Verehrteste", knurrte er. „Aber ich bin sicher, es wird sich alles von selbst erklären."

„Das sagst du immer!" Sie schob ihm geräuschvoll den Teller hin. „Du machst mich noch mal verrückt!"

Da klopfte es an die Hintertür; es war ein schüchternes, zaghaftes Klopfen. Tante Beth eilte zur Tür, öffnete sie und führte Rita und ihre Mutter in die Küche. Rita hatte ich seit der Beerdigung nicht mehr gesehen.

Sie stützte ihre Mutter am Arm und führte sie bis vor den Tisch. „Sheriff Jason ... Mama hat Ihnen etwas zu sagen."

Sheriff Jason seufzte. „Ja, ich habe Sie erwartet. Sie beide." Er erhob sich und rückte einen Stuhl zurecht. Dann sagte er freundlich: „Gut, Mrs. Ponder, jetzt erzählen Sie alles, schön der Reihe nach. Und lassen Sie sich Zeit."

Mrs. Ponder sah aus, als hätte sie seit der Beerdigung nichts mehr gegessen. Sie mußte wohl noch an die fünf Kilo abgenommen haben. Ihr Gesicht war nur noch Haut und Knochen. Ihre Augen lagen tief in dunklen Höhlen und hatten einen sonderbaren Ausdruck. Sie legte beide Hände flach auf den Tisch und sprach mit so leiser Stimme, daß ich größte Mühe hatte, sie zu verstehen.

„Er ging immer zu... zu ihr. Er wollte mich... die Familie verlassen. Das war unrecht von ihm. Ich hatte mich mit seiner Herumtreiberei abgefunden. Ich war sogar mitgekommen, als er ihr hierher folgte. Jeder Mensch kann aber nur ein gewisses Maß an Leid ertragen." Tränen standen in ihren Augen. „Ich sagte, ich würde das nicht mehr länger mit ansehen. Er lachte nur und meinte, ich würde mir ja doch alles von ihm gefallen lassen. Ich wartete, bis er sich zum Mittagsschlaf hingelegt hatte. Dann nahm ich das alte Gewehr und drückte ab." Sie sah zu Sheriff Jason auf. „Das ist alles, Sheriff. Genauso hat es sich abgespielt. Rita bat mich, es Ihnen zu erzählen."

„Ja, Mrs. Ponder, das war auch besser so." Er stand auf und ging auf Tante Beth zu, die völlig verwirrt zugehört hatte. „Na, jetzt hast du ja doch noch deinen Mord bekommen!" raunte er ihr zu.

„Aber ich wollte doch nicht... Du wußtest es. Du wußtest es von Anfang an!"

„Gar nichts wußte ich. Ich ahnte zwar, daß sie ihn getötet hatte, aber ich besaß nicht den geringsten Beweis. Ich dachte mir, daß sie irgendwann zu mir kommen würde."

Rita stand neben ihrer Mutter und hielt ihre Hand ganz fest. Mrs. Ponder starrte mit leerem Blick vor sich hin.

Sheriff Jason trat wieder an den Tisch und sagte in so sanftem Ton, wie ich ihn noch nie bei ihm gehört hatte: „Wir wollen gehen, Mrs. Ponder. Und du, Rita, bleibst am besten heute nacht bei uns. Beth wird dir auf der Couch ein Bett herrichten."

Rita warf den Kopf zurück. „Nein, Sheriff, ich gehe nach Hause."

Er musterte sie einen Augenblick. Dann nahm er Mrs. Ponder beim Arm und führte sie hinaus. Rita und ich folgten ihnen bis zur Garage und sahen zu, wie er Mrs. Ponder die Wagentür öffnete und mit ihr davonfuhr.

Rita wollte sich wortlos auf den Weg machen.

„Rita . . ."

Sie hielt inne, ohne mich anzusehen.

„Was ist mit unseren Plänen?"

„Mit welchen?"

„Du weißt doch, was wir am Fluß besprochen haben. Was wir tun wollen, wenn wir erwachsen sind."

Sie wandte mir ihr Gesicht zu. „Es ist alles vorbei, Kyle." Ihre Augen flackerten, und ihre Stimme bebte. „Jetzt ist alles vorbei."

Sie drehte sich um und ging, trat aus dem Licht in die Finsternis.

Danach habe ich sie nie mehr wiedergesehen. Zwei Tage später verließ sie unsere Stadt, um zu ihrer Tante und ihrem Onkel zu ziehen. Doch manchmal, an kühlen Herbstnachmittagen, wenn ich allein am Fluß entlanglief, blieb ich stehen, schloß die Augen und glaubte, ihre hohe, klare Stimme zu hören.

Wenn ich heute, wo ich erwachsen bin, mal in eine Bar oder in ein Lokal komme und dort eine neue Platte, eine neue Frauenstimme, aus der Musikbox höre, begleitet von den sanften Klängen einer Gitarre, dann erkundige ich mich sofort nach dem Namen der Sängerin. Jedesmal glaube ich, es könnte Rita sein – doch sie war's bisher nie.

Der tödliche Lippenstift

Man sagt, daß ein Ertrinkender in der kurzen Zeitspanne zwischen dem letzten verzweifelten Kampf, sich über Wasser zu halten, und dem Erstickungstod vor seinem geistigen Auge in blitzschnellen Bilderfolgen die bedeutendsten Ereignisse und Krisen seines Lebens ablaufen sieht.

Etwas sehr Ähnliches widerfuhr Gaston Beaujolais eines Nachts in dem Bergdorf St. Paul de Vence. Er saß, wie so oft, in seinem Lieblingssessel in Henriettes mit Fliesen ausgelegtem Salon, Henriette auf seinem Schoß.

Es gab da jedoch einen wesentlichen Unterschied. Gaston war nämlich nicht im Begriff zu ertrinken, es sei denn in den tiefen Wassern von Henriettes haselnußfarbenen Augen. Er war vielmehr gerade damit beschäftigt, Henriette seine tiefe Zuneigung zu offenbaren, als die ersten Bilder seines Lebensfilmes plötzlich und unerwartet vor seinem geistigen Auge abliefen.

Merkwürdigerweise begann diese Rückblende, das

heißt die knappe Zusammenfassung seiner Vergangenheit, nicht mit seiner Kindheit oder frühen Jugend, wie es gewöhnlich zu sein pflegt. Gastons Film setzte vielmehr an dem Punkt ein, als er bereits sein reifes Mannesalter erreicht, Yvonne geheiratet und eine bedeutende Stellung in seinem Beruf erreicht hatte...

Gaston Beaujolais war Chemiker. Und zwar nicht einer von denen, die – wie er immer wieder gern betonte – mit übelriechenden Mischungen aus Tetrathionsäure, Phthalsäurehydrid oder Para-Dichlorbenzol herumpanschen. O nein! Er hatte seine bedeutenden Chemikertalente in den Dienst einer weit höheren Sache gestellt, den der KUNST und SCHÖNHEIT (mit Großbuchstaben, versteht sich!). Er widmete seine Arbeitsstunden ausschließlich der Herstellung neuer Parfums, Gesichtspuder, Tages- und Nachtcremes, Make-ups, Fältchenentferner und Reinigungswässerchen und beschäftigte sich angelegentlich mit den verschiedensten Schattierungen von Lippenstiften und Nagellacken. All das, was der fanzösischen Damenwelt helfen konnte, noch anziehender auszusehen und noch lieblicher zu duften, war Wasser auf Beaujolais' chemische Mühlen. Er war, wie er sich selbst nannte, Schönheits-Chemiker. Und ein guter dazu. Er bekleidete den Posten des Chefchemikers bei Rousseau Frères, einer berühmten Kosmetikfirma, deren Laboratorien am Boulevard Gambetta in Nizza, unweit der noch berühmteren Promenade des Anglais, lagen.

Es war das Bild seines Labors, das in dem Film, der vor seinem inneren Auge abrollte, als erstes auftauchte.

Er sah sich selbst, ziemlich deutlich, in seinem Labor stehen, einen Mann von mittelgroßer Statur mit feinnervigen Händen und der typisch südfranzösischen Überschwenglichkeit. Er trug, wie gewöhnlich, einen weißen Arbeitskittel und beobachtete aufmerksam eine Flüssigkeit, die in einem Reagenzglas über einem Bunsenbrenner vor sich hin brodelte.

Gaston wußte sehr genau, was er da zusammengebraut hatte. Es war der Bestandteil eines neuen Lippenstiftes, dessen Herstellung ihm an jenem Tag zum erstenmal geglückt war. Die Entwicklung dieses speziellen Stoffes war mit viel Arbeit verbunden gewesen. Denn es war eine Substanz, die gewöhnlich nicht in Lippenstiften enthalten ist und die, dessen war sich Beaujolais sicher, es Rousseau Frères ermöglichen würde, den Lippenstiftmarkt zu erobern. Natürlich nur dann, wenn er der Geschäftsleitung jemals das Geheimnis anvertrauen würde.

Er hatte jedoch nicht die entfernteste Absicht, das zu tun. Es war ganz allein seine Formel, eine Formel, die nur für die Herstellung eines einzigen Lippenstifts verwendet werden sollte: für den Lippenstift, mit dem er seine Ehefrau umzubringen beabsichtigte.

Das typisch Südfranzösische an Gastons Gedankengang war folgendes: Er konnte zwar mit Gleichmut an die Ermordung seiner Frau und, darüber hinaus, die seines besten Freundes denken: die Vorstellung jedoch, daß ihr

Tod, wenn sie schon sterben mußte, nicht kurz und glücklich sein würde, schien ihm schier unerträglich. Strenggenommen war Yvonne schon seit mehreren Jahren nicht mehr seine wirkliche Ehefrau gewesen. Hübsch war sie noch, begehrenswert und anziehend sicherlich auch. Die Gefühle aber, die sie ihm – jedenfalls während ihrer Flitterwochen – entgegengebracht hatte, waren nach und nach einer Haltung gewichen, die er nur als Gleichgültigkeit bezeichnen konnte. Und das, so fand Gaston Beaujolais, war ungebührlich – nein: unannehmbar! – bei der Ehefrau eines so hervorragenden Schönheits-Chemikers, wie er es nun einmal war.

Sein erster Schritt, um diesem Mißstand abzuhelfen, hatte darin bestanden, ein Liebesverhältnis mit Henriette Deschamps, einem hübschen Mannequin, einzugehen. Er hatte sie bei einer Modenschau in Cannes kennengelernt, wo er als Vertreter der Make-up-Abteilung von Rousseau Frères natürlich nicht hatte fehlen dürfen. Henriette hatte sich damals etwas einsam und verloren gefühlt, da sie erst kürzlich von Paris an die französische Riviera übergesiedelt war. Sie hatte schon immer ein sehr ausgeprägtes Interesse für die Männerwelt gehabt, und sie fand Gaston vom ersten Augenblick an sehr sympathisch. Sie machte auch keine Einwände, als er ihr ein hübsches kleines Landhaus in St. Paul de Vence, einem Dorf in den Bergen, mietete. Der Ort war insofern günstig, da er auf halber Wegstrecke zwischen Nizza und Grasse lag. Nach Grasse mußte er nämlich regelmäßig fahren, um die verschiedenen Duftstoffe einzukaufen, die er für seine Arbeit benötigte.

Henriette war ein reizendes Mädchen, das schon sehr bald Gastons Frau, Yvonne, aus seiner Gefühlswelt zu verdrängen wußte. Diese Entwicklung wurde durch Yvonnes ständig wachsende Abneigung gegen jegliche Art von Zärtlichkeiten beschleunigt. Selbst ein flüchtiger, auf die Wange gehauchter Kuß, wenn er vom Labor heimkam, verursachte bei ihr schon deutliches Unbehagen. Gaston, der ein ausgeprägtes Selbstvertrauen besaß, stellte fest, daß Yvonnes Abscheu und Ekel nicht allein ihm galten, sondern die gesamte Männerwelt einzuschließen schienen. Selbst Alfred, sein langjähriger Freund und Yvonnes ebenso langjähriger Verehrer, konnte heute kaum mehr ihre Hand berühren, um sie zum Beispiel in ein Taxi zu geleiten, ohne daß sie dabei zusammenzuckte.

Je mehr Gastons Liebe zu seinem Mannequin Henriette wuchs, desto ungeduldiger wurde er, was seine Frau Yvonne anbetraf, und desto mehr Mitleid empfand er für seinen alten Freund Alfred.

Da Henriette mit viel weiblicher List seine Sinne verwirrte und sein ständiges Bedürfnis nach Mitgefühl und Verständnis zu befriedigen wußte, machte er sich anfangs wenig Gedanken über seine Lage und lebte in einer Traumwelt. Er erfand tausend Vorwände, um immer häufiger geschäftlich nach Grasse zu reisen und jedes Mal eine heilsame Zwischenstation in St. Paul de Vence, bei Henriette, zu machen.

Eine solche Beziehung konnte natürlich auf Dauer nicht zufriedenstellend sein. Henriette fand mit der Zeit, daß ihre Lage gar nicht so beneidenswert war. Ja, gelegentlich äußerte sie sogar, sie würde es bei weitem vorziehen, Madame Gaston Beaujolais zu sein. So war sie nur – wie er sie liebevoll nannte – Gastons kleines „Bergblümchen“, lebte, sorgsam versteckt vor der Gesellschaft und ausgeschlossen von den Lustbarkeiten der Großstadt, in den Bergen, ganz so, als wäre sie eine der, zugegeben hübschen, aber völlig unnützen weißen Tauben, die sich auf dem Dach von „Les Colombes“, dem Gasthof des Dorfes, versammelten.

„Das ist“, erklärte sie Gaston eines Nachmittags, als sie in inniger Umarmung auf der Couch saßen, „kein Leben für ein Mädchen wie mich. Siehst du das ein?“

Gaston mußte das einfach einsehen. Und je länger er darüber nachsann, desto mehr gab er ihr recht. Er konnte einem feinfühligen Mädchen wie Henriette nicht vorwerfen, so zu denken, wie sie es tat. Und seitdem sie von ihren Wünschen gesprochen hatte, war er in seinem Labor und zu Hause ein wenig zerstreut.

In dieser Zeit des rastlosen Brütens kam Gaston zu folgendem Ergebnis: Yvonne mußte beseitigt werden, um Platz für Henriette zu machen. So einfach war das. Nachdem dieser Beschluß einmal gefaßt war, bereitete ihm der Gedanke, seine Frau umzubringen, nicht die geringsten Gewissensbisse. Es war nur noch die Frage, wie er sie am besten umbringen könnte, die ihn nachts wachhielt und nicht mehr zur Ruhe kommen ließ.

Er würde sie töten, dachte er fiebrig. Ja, es mußte sein. Es gab keine andere Lösung. Sie konnte zwar nichts für ihre Unzulänglichkeiten, die arme Yvonne, und war sicherlich ebenso unglücklich in ihrer Ehe wie er. Trotzdem, er mußte sie töten. Aber er mußte es auf eine Weise tun, die ihr doch ein gewisses Vergnügen bereitete. Sie sollte wenigstens ganz zum Schluß ein wenig glücklich sein. Dies war eine Gefühlsregung, die ihm hoch angerechnet werden mußte, doch sie stellte ihn gleichzeitig vor Probleme. Welche Mordtechnik würde für Yvonne angenehm und für ihn schnell und sicher sein?

Schnell und sicher: das war keine Schwierigkeit für ihn. War er denn nicht ein hervorragender Schönheits-Chemiker, spezialisiert darauf, alle erdenklichen Kosmetika, einschließlich Lippenstifte, herzustellen? Ja, beschloß er, ein Lippenstift würde genau die richtige Waffe sein. Für einen Mann seines Wissensstandes und seiner Erfahrung war es eine Sache von wenigen Minuten, eine tödliche Menge Zyankali unter die weiche Masse des rosaroten Lippenstiftes von Rousseau Frères zu mischen, den Yvonne vorzugsweise benutzte.

Nach diesem Beschluß folgten mehrere Wochen intensivster Forschungsarbeiten, deren Ergebnis der neue Lippenstiftbestandteil war, den Gaston soeben über dem Bunsenbrenner seines Labortisches fröhlich vor sich hin blubbern sah.

Unglücklicherweise machte es die Lösung seines Problems notwendig, daß Alfred, sein ältester Freund und Yvonnes immer noch treuer, aber frustrierter Verehrer, ebenfalls sterben mußte. Aber auch hier erwies sich Gastons Gewissen als sehr anpassungsfähig. Er fand es zwar äußerst bedauerlich, daß der arme Alfred dran glauben mußte, konnte sich jedoch mit dem Gedanken trösten, daß dieser, wenn sein letztes Stündchen schlug, ebenfalls glücklich sein würde – glücklicher als die ganzen Jahre zuvor.

Gaston beschloß, noch in derselben Nacht zu handeln. Schnell ließ er die blubbernde Lösung in dem Reagenzglas abkühlen, mischte sie geschickt unter die Lippenstiftmasse, die er bereits mit Blausäure versetzt hatte, fügte genau vier Tropfen einer farblosen Flüssigkeit bei, die er von einem Laborregal nahm und fügte eine zusätzliche Menge Duftstoff hinzu (um den Mandelgeschmack zu überdecken). Dann rollte er das fertige Präparat in Lippenstiftform, rundete diese an einem Ende leicht ab, so als wäre der Stift bereits benutzt worden, und steckte das Ganze in eine schwarz-goldene Lippenstifthülle, die genau der 80-Franc-Rousseau-Frères-Hülle entsprach, die Yvonne regelmäßig benützte. Dann ließ er das Ding in seiner Westentasche verschwinden.

Sie besuchten an diesem Abend eine Opernaufführung im Casino Méditerranée, sie, das heißt, Alfred, Gaston und Yvonne. Sie saßen in einer Reihe, Yvonne in der Mitte zwischen den beiden Männern. Es sang die La-Scala-Truppe aus Mailand. Es war eine hervorragende Aufführrung, von der alle drei sehr begeistert waren.

Gegen Ende des dritten Aktes hatte Gaston Gelegenheit, unbemerkt Yvonnes Täschchen zu öffnen und die Lippenstifte auszutauschen. Wenige Minuten später, als der Vorhang fiel und die Menge begeistert applaudierte, schlug sich Gaston an die Stirn und sagte zu Yvonne: „Liebling, was bin ich doch für ein Trottel! Du weißt ja, ich muß heute abend noch nach Grasse fahren, um gleich morgen früh auf dem Blumenmarkt zu sein."

Sie nickte und schlüpfte in ihr Nerzjäckchen.

„Dummerweise", fuhr er unbekümmert fort, „habe ich ein paar wichtige Papiere vergessen, die ich unbedingt brauche. Sie sind im Labor. Ich laufe schnell hin und hole sie, wenn's dir nichts ausmacht. Sonst verliere ich zuviel Zeit."

„Und?" meinte Yvonne wenig beeindruckt. „Ich komme mit. Du kannst mich danach schnell zu Hause absetzen."

„Vielleicht fährt dich Alfred nach Hause, während ich zum Labor laufe", erwiderte Gaston beiläufig.

Genau wie Gaston es vorausgesehen hatte, erhob sich Alfred und verbeugte sich höflich. „Ich bestehe darauf, mein lieber Gaston", sagte er eifrig. "Es ist mir ein Vergnügen, sie heimzufahren. Ist es dir recht, Yvonne?"

„Warum nicht?" entgegnete sie gleichgültig. Dann holte sie Spiegel und Lippenstift aus ihrem Täschchen, drehte den rosaroten Stift heraus und zog damit sorgfältig ihre Lippen nach. Sie verließen gemeinsam den Zuschauerraum.

Ein Lächeln huschte über Gastons Lippen.

Draußen hatte es heftig zu regnen begonnen. Sie hasteten zum Parkplatz, und Alfred öffnete Yvonne die Tür. Dann lief er um den Wagen herum und nahm hinter dem Lenkrad Platz. Gaston winkte ihnen nach und schlenderte gemächlich zu seinem eigenen Wagen. Er stieg ein, lauschte den Regentropfen, die auf sein Dach trommelten, und sah Alfreds Renault nach. Als das Auto den Parkplatz verließ, erkannte er die Silhouetten von Alfred und Yvonne, die sich deutlich gegen die Lichter des Kasinos abzeichneten. Die Silhouetten waren erstaunlich dicht beieinander...

Gaston ging nicht ins Labor. Statt dessen fuhr er vorsichtig aus dem Parkplatz heraus und folgte Alfreds Renault in sicherem Abstand. Er bog in die Avenue de la Victoire ein, also in die Richtung des Vorortes, in dem Gaston und Yvonne wohnten. An der nächsten Kreuzung aber fuhr Alfred nicht links, sondern geradeaus auf die Hügelkette hinter der Stadt zu.

„Aha", stellte Gaston zufrieden fest, „das klappt ja wie am Schnürchen."

Als der Renault schließlich die Hauptstraße verließ, um in einen kleinen baumbestandenen Weg einzubiegen, verlangsamte Gaston sein Tempo und starrte in den prasselnden Regen, der im Licht seiner Scheinwerfer wie ein dichter, heller Vorhang wirkte. Er stellte die Scheinwerfer ab und brachte seinen Wagen nach etwa hundert Metern zum Stehen.

Er zündete sich eine Gauloise an und sog gierig den Rauch in seine Lungen. Dann lehnte er sich genußvoll zurück und wartete etwa fünf Minuten. Nach einem prüfenden Blick auf seine Uhr öffnete er die Wagentür und trat hinaus in den Regen. Er ging gemächlich die Straße entlang bis zu dem Fahrweg, wo er den Renault das letztemal gesehen hatte.

Er bog in den Weg ein und bemühte sich nicht im geringsten, seine Anwesenheit zu verbergen. An einem abgelegenen Ort wie diesem hier würde er mit Sicherheit keiner Menschenseele begegnen, schon gar nicht bei solch einem Hundewetter. Der Regen ist wirklich ein Glücksfall, dachte er. Yvonne und Alfred würden ihn nicht sehen können. Sein Atem beschleunigte sich ein wenig. Aber sonst war er ganz ruhig.

Er sah keine Wagenlichter vor sich. Nach etwa fünfzig Metern erkannte er jedoch die dunkle Silhouette des Renault, der unter einem Baum parkte. Er ging ohne Zögern darauf zu. Seine Schuhe gaben bei jedem Schritt ein schmatzendes Geräusch von sich.

Obwohl er genau wußte, was ihn erwartete, wenn er in das Wageninnere schauen würde, überkam ihn doch ein angenehmes Gefühl der Erleichterung über das Bild, das sich ihm dort auf dem Vordersitz bot.

Yvonne und Alfred hielten sich eng umschlungen. Ihre halb geöffneten Münder waren fest aufeinandergepreßt. Wenn Gaston ganz ehrlich war, mußte er zugeben, daß ihn dieser innige Kuß ein wenig eifersüchtig machte.

Beide waren tot.

Eine ganze Weile stand Gaston da und hielt den Blick auf das Paar gerichtet. Sein Gesichtsausdruck glich dem eines Künstlers, der sein fertiges Werk betrachtet, stolz und zugleich ein wenig beängstigt über das Meisterstück, das er geschaffen hat. Denn Gastons Lippenstift war in der Tat ein Meisterstück. Den Beweis sah er ja vor sich.

Er vernahm seine eigene Stimme – schwach zwar, aber dennoch deutlich –, die den erstaunten Chemikern von Rousseau Frères in allen Einzelheiten erklärte, welch eine Errungenschaft seine Erfindung für die Kosmetik-Industrie war. „Sie werden sich erinnern", hörte er sich sagen, „daß Madame Beaujolais sich nie etwas aus Männern gemacht hat. Doch was geschah, als sie von dem besten Freund ihres Mannes nach der Oper heimgefahren wurde? Sie rückte immer dichter an ihn heran, bis sie fast auf seinem Schoß saß. Sie bat ihn sogar, sie nicht sofort nach Hause, sondern an einen dunklen Ort zu fahren, wo sie den Wagen parken, die Lichter löschen und wie Teenager herumturteln konnten. Ja, und als ich die beiden fand, mausetot, was sah ich da? Sie saßen innig umschlungen, ihre Lippen in einem leidenschaftlichen Kuß vereint...

Wie läßt sich dieser scheinbar unfaßliche Tod erklären? Ich werde es Ihnen sagen: Es war mein Lippenstift, der dazu geführt hat. Nicht nur zum Tod der beiden, das allein wäre nicht schwer gewesen. Nein, mein Lippenstift war so beschaffen, daß er den Tod in seiner schönsten Gestalt brachte – in einem Kuß!

Der todbringende Faktor? Blausäure. Bei aller Bescheidenheit muß ich hervorheben, daß ohne meine persönlichen Eingebungen der Fall uninteressant gewesen wäre. Lassen Sie mich diese Schritt für Schritt erläutern. Erstens mußte ich es erreichen, in einer völlig leidenschaftslosen Frau den Wunsch zu wecken, geküßt zu werden. Das gelang mir durch eine völlig neue Chemikalie, die nach Durchdringen der Lippenhaut in die Blutgefäße der Mundgegend tritt und bei der Frau den dringenden Wunsch, nein, das Bedürfnis, hervorruft, geküßt zu werden. Solch einen chemischen Stoff konnte ich nach monatelanger Forschungsarbeit herstellen, indem ich die Salzrückstände verschiedener anderer Reizstoffe als Fundament für meine Formel verwendete.

So weit – so gut. Wir haben jetzt einen Lippenstift, der todbringend ist und außerdem einen Stoff enthält, der das Bedürfnis hervorruft, geküßt zu werden. Damit ist unser Ziel jedoch noch lange nicht erreicht. O nein! Denn jetzt müssen wir einen Weg finden, um die normalerweise sofortige Wirkung des Giftes bis zum Augenblick des Küssens hinauszuzögern. Wir wollen schließlich nicht, daß die Frau bereits in dem Moment stirbt, in dem sie ihren Lippenstift aufträgt. Dann würde sich ja die Chemikalie, die das Kußbedürfnis weckt, erübrigen.

Auch solch eine Substanz habe ich gefunden. Es ist eine farblose Flüssigkeit, über die ich nichts Näheres sagen möchte, da Sie mir vielleicht sowieso nicht glauben würden. Schon drei oder vier Tropfen sind ausreichend.

Dieses Gegengift wiederum ist eine erstaunliche Erfindung, darf aber, wie Sie sich vorstellen können, nur von vorübergehender Wirkung sein. Jetzt brauchen wir einen Kontaktstoff, einen Auslöser, um im Augenblick des Küssens die Wirkung des Gegengiftes aufzuheben und die tödliche Säure, die auf den Lippen der Dame lauert, zur vollen Entfaltung zu bringen.

Ich sehe, Sie haben erraten, von welchem Kontaktstoff hier die Rede ist, meine verehrten Kollegen. Und selbstverständlich haben Sie recht. Die natürliche Mundflüssigkeit ist der logische Auslöser, um die gewünschte Reaktion hervorzurufen. Aber warten Sie. Sehen Sie die Schwierigkeit, die hier wiederum auftritt? – Das fast unüberwindbare chemische Problem, das sich durch diese im Grunde einfache Grundvoraussetzung ergibt? Der Auslöser kann nicht der Speichel der Frau allein sein. Natürlich nicht! Denn sonst brauchte sie nur die Lippen zu lecken, um blitzartig ihren Tod herbeizuführen. Nein, mein Problem – das schwierigste, das ich zu bewältigen hatte – bestand darin, ein vorübergehendes Gegengift für Blausäure zu entwickeln, welches die tödliche Wirkung nur in Kontakt mit der Feuchtigkeit männlicher Lippen freisetzt.

An diesem Problem arbeitete ich mehrere Wochen mit echter Hingabe, um am Ende allerdings nur teilweise erfolgreich zu sein. Denn meine Lösung schloß notwendigerweise auch den Tod des Mannes ein, der die Frau küßte. Aber habe ich je behauptet, perfekt zu sein?

Manchmal muß auch ein Genie gewisse Abstriche machen. Und schließlich habe ich mein Hauptziel erreicht: Yvonne zu beseitigen, damit Henriette an ihre Stelle treten kann. Dabei ist es mir außerdem gelungen, sie zu guter Letzt sogar noch glücklich zu machen."

Gaston wußte natürlich, daß er eine solche Ansprache nie vor seinen Kollegen halten würde. Aber er genoß ein wenig die Anerkennung, die ihm zweifelsohne zuteil geworden wäre, wenn er der Welt das Geheimnis seines Lippenstiftes hätte offenbaren können.

Dieser Gedanke brachte ihn in die Wirklichkeit zurück. Es gab noch eine Menge zu erledigen.

Aus der Seitentasche seines nassen Jacketts zog er Yvonnes harmlosen Lippenstift hervor und tauschte ihn gegen den giftigen in ihrem Theatertäschchen aus.

Er ließ ihr Täschchen geöffnet auf dem Sitz liegen und stellte neben ihre rechte Hand ein winziges Glasfläschchen mit der Aufschrift HCN (die Formel für Blausäure). Das Fläschchen war leer.

Dann schloß er die Wagentür.

Die Innenbeleuchtung ging aus. Die beiden Gestalten im Inneren des Renault waren erneut in Finsternis gehüllt. Gaston ging unbekümmert zu seinem eigenen Wagen zurück. Der Regen würde seine Fußspuren auf dem feuchten Boden schon verwischen.

Als er eine halbe Stunde später auf der Straße nach St. Paul de Vence unterwegs war, versuchte er sich den Schock seiner und Yvonnes Freunde vorzustellen, wenn sie morgen die Zeitung aufschlagen und von dem schrecklichen Drama erfahren würden. Die einzig mögliche Erklärung war gemeinsamer Selbstmord. Zwei Liebende, deren Liebe unter einem unglücklichen Stern stand, zogen es vor, gemeinsam Gift zu nehmen, um nicht den liebenden Ehemann und guten Freund weiterhin durch eine niederträchtige, heimliche Liebesaffäre entehren zu müssen. Jedermann in Nizza wußte, daß Alfred seit langem in Yvonne verliebt war. Und jetzt würden sie erfahren, daß auch Yvonne heimlich in Alfred verliebt gewesen sein mußte.

Gaston Beaujolais lächelte bei der Vorstellung, daß ihn die Behörden von Nizza morgen suchen würden, um ihm schließlich in Grasse die grausame Nachricht vom Tod seiner Frau zu überbringen.

Henriette empfing ihn kurz nach Mitternacht in ihrem hübschen Haus. Sie war freudig überrascht, daß er bei ihr vorbeischaute, auch wenn er nur für wenige Stunden bleiben würde. Als sie seine tropfenden Kleider sah, schüttelte sie den Kopf und machte ihm leise Vorwürfe, daß er bei diesem Wetter ohne Schirm und Regenmantel ausgegangen war.

Sie trug sein Jackett und seine Schuhe zum Trocknen in ihr Schlafzimmer, wo in kühlen Nächten wie dieser immer ein kleines Feuer im Kamin brannte. Dann brachte sie ihm Morgenmantel und Hausschuhe, die er für solche Gelegenheiten bei ihr deponiert hatte.

Als Gaston in seinem Lieblingssessel Platz genommen hatte, setzte sie sich auf seinen Schoß und warf ihm jenes liebevoll bestrickende Lächeln zu, das ihn von Anfang an so betört hatte. „Gaston, mein Liebling", sagte sie mit warmer Stimme. „Manchmal fühle ich mich wie deine Ehefrau. Ich glaube, keine Frau könnte dich mehr achten als ich, und keine kann dich auch nur annähernd so sehr lieben wie ich."

Sie beugte sich vor, um ihn zu küssen, doch er hielt sie an den Schultern fest und sagte zärtlich: „Vielleicht bist du schon bald meine Frau, mein kleines Bergblümchen."

Ihre Augen leuchteten auf wie die eines Kindes, das zum erstenmal einen Karnevalszug sieht. „Wirklich?" fragte sie erwartungsvoll. „Ist das auch ganz bestimmt dein Ernst, Liebling?"

Er nickte und lächelte sie verliebt an. Sie küßte ihn noch leidenschaftlicher als gewöhnlich. Gaston erwiderte ihren Kuß.

Genau in diesem Augenblick begannen – wie im Film – Szenen seines Lebens mit unglaublicher Geschwindigkeit vor seinem geistigen Auge abzulaufen.

Da ergriff ihn ein unsagbares Entsetzen. Er stieß sie von sich und flüsterte mit heiserer Stimme: „Woher ist der Lippenstift, den du gerade aufgetragen hast, Henriette?"

Sie versuchte, ihn noch einmal zu küssen. „Aus deiner Tasche", erwiderte sie. „Als ich dein Jackett aufgehängt habe, habe ich ihn herausgenommen. Es war das Muster, das du mir schon einmal mitgebracht hast. Warum?

Schmeckt es komisch?“ Sie kicherte.

Seine Arme hielten sie noch fester umklammert, als die ersten Krämpfe einsetzten.

„Er schmeckt nach Tod“, sagte er.

Doch sie hörte schon nicht mehr.

Zahn um Zahn

Niemand konnte ihn verdächtigen. Er war nur einer von vielen in der Menschenmenge, die sich hinter McCabe, dem Chef der Drei-Mann-Polizeistation von Valley View, angesammelt hatte und darauf wartete, daß das Fundament für die neue Konservenfabrik ausgehoben wurde. Er machte sogar Bemerkungen über die erstaunliche Tatsache, daß Bürgermeister Bronson die Zeremonie nicht durch den traditionellen Stich mit dem goldenen Spaten einleitete.

„Will ihm denn niemand einen Spaten leihen?"

„Er ist halt zu bequem geworden, seitdem er im Rathaus sitzt und Däumchen dreht."

Gutmütig lächelnd kletterte Bürgermeister Bronson auf den Bagger. Er nahm auf dem Sitz Platz und langte nach den glänzenden Knöpfen. Die Schaufel setzte sich in Bewegung, um mit ihren Stahlzähnen in die weiche Erde zu greifen. Als sie wieder auftauchte, entdeckte McCabe menschliche Knochen in dem aufgewühlten Erdreich.

„Halt, Bronson!“ schrie er. Der Gesichtsausdruck des Mörders unterschied sich durch nichts von dem der anderen Umstehenden, die sich vorwärts drängten, um besser sehen zu können.

„Zurücktreten!“ befahl McCabe. Und an seinen Streifenpolizisten gewandt: „Knappermann, halten Sie die Menge zurück!“

Nachdem die Menschenmenge zurückgedrängt worden war, trat McCabe vor. Die Schaufel hatte sich mitten durch das Skelett gegraben und Wirbelsäule und Brustkorb freigelegt. Ein Beckenknochen lag in der linken Furchenwand.

„Keine Kleiderreste“, sagte Bürgermeister Bronson mit zittriger Stimme. „Muß ein Indianer aus der Zeit vor hundert Jahren gewesen sein.“

„Die Leiche liegt schon lange hier“, stimmte McCabe zu. „Es ist kein Fleisch mehr an den Knochen.“ Er deutete auf die rechte Wand der Furche, wo die Erde zur Seite gerutscht war und ein künstliches Gebiß herausschaute. „Die Gaumenplatte sieht aber nicht so aus, als läge die Leiche schon hundert Jahre hier.“ Er sprach über seine Schulter. „Knappermann, stellen Sie das Martinshorn an und holen Sie den Gerichtsmediziner. Dann besorgen Sie ein Sieb, damit wir die Erde nach eventuellen Indizien durchsuchen können.“

McCabe klappte sein Taschenmesser auf und kratzte vorsichtig die Erde weg, bis nach und nach der gesamte Ober- und Unterkiefer sichtbar wurde. Das Gebiß war nicht aus rosafarbenem Plastik. Die Grundfarbe war schwarz, fast wie die Erde, bis auf die Stellen, die das Zahnfleisch nachahmten. „Eine Hartgummi-Zahnprothese", murmelte er. Behutsam legte er den restlichen Schädel frei. Auf der Stirn, oben zwischen den beiden Augenhöhlen, fand er eine Einschußstelle. Sie war zu genau plaziert, als daß ein zufällig abgegebener Schuß in Betracht gezogen werden konnte. Auch das Verscharren der Leiche deutete auf keinen natürlichen Tod hin.

McCabe erhob sich langsam und sah in die neugierigen Gesichter der Menge. Alle Augen waren auf ihn gerichtet.

„Das muß schon vor längerer Zeit geschehen sein", sagte er laut. „Kann sich jemand an das unaufgeklärte Verschwinden einer Person erinnern, die ein künstliches Gebiß trug, ein Gebiß, das heute nicht mehr hergestellt wird?"

Einen Augenblick lang herrschte Schweigen in der Menge. Dann erwähnte jemand einen Namen. Ein anderer sagte, der Mann hätte Zähne wie ein Pferd gehabt. Weitere Stimmen und Gegenstimmen mischten sich ein. McCabe bereute schon, überhaupt gefragt zu haben.

„Gut", sagte er seufzend. Vielleicht würde er wenigstens in etwa herausbekommen, wann sich der Mord zugetragen hatte.

„Wann haben Sie diesen Streifen zum letztenmal pflügen lassen, Jess?"

„Nicht ein einziges Mal, seit er mir gehört, und das sind jetzt zwanzig Jahre. Ich benutzte ihn als Weidefläche für mein Vieh. Gelegentlich ließ ich das Gras mit einer Egge wenden, aber nie mit einem tiefen Pflug."

„Wem gehörte das Land vorher?" fragte McCabe.

„Ich weiß nicht. Fragen Sie ihn." Jess deutete mit dem Daumen auf den grauhaarigen Verne Warner, der ein Makler- und Versicherungsbüro in der Stadt hatte.

„Sehen Sie mich nicht so erstaunt an, Mac", sagte Warner. „Ich habe ihm den Grund verkauft. Er war Teil eines Nachlaßvermögens, bei dem die Bank als Testamentsvollstrecker auftrat. Es gehörte der Familie Hammond."

„Hammond?" wiederholte McCabe, der versuchte, den Namen einzuordnen.

Warner schüttelte den Kopf. „Sie können sie nicht kennen; die ganze Familie ist bei einem Eisenbahnunglück ums Leben gekommen. Das war noch vor der Zeit, als Sie mit Ihren Kindern hierher zogen, nachdem Ihre Frau . . ."

McCabe nickte stumm. Seine Frau Joan war das unschuldige Opfer eines Banküberfalls gewesen; die Erinnerung an ihren grausamen Tod schmerzte ihn noch immer.

„Wie lange waren die Hammonds Eigentümer des Landes?"

„So lange ich zurückdenken kann", erwiderte Warner, „und ich lebe jetzt seit vierzig Jahren hier." Er schüttelte erneut den Kopf, als McCabe auf das Skelett starrte. „Nein, Mac, sie nicht. Es waren fleißige, rechtschaffene Leute. Sie besuchten dieselbe Kirche wie ich. Ich habe sie nie ein unfreundliches Wort über irgend jemanden sagen hören."

Mehrere der älteren Umstehenden nickten.

Warners Frau Agnes, eine kleine, rundliche Dame, meldete sich zu Wort. „Ich kannte sie gut. Imogene, ihre Tochter, war meine beste Freundin. Ich sollte bei ihrer Hochzeit Brautjungfer sein. Sie waren wohlhabend, und es sollte eine der größten Hochzeiten werden, die man je..."

„Können Sie sich erinnern, ob sie das Feld pflügen ließen?" fragte McCabe.

Bürgermeister Bronson beantwortete die Frage. „Dann hätte das Skelett wohl nicht gewartet, bis ich es für Sie ausgrabe."

McCabe drehte sich um, als der Wagen des Gerichtsmediziners herangefahren kam. Die Menge begann sich erneut erregt zu unterhalten. „Es kümmert mich wenig, was die anderen sagen; vielleicht wußten es diese reichen Hammonds und haben deshalb nie gepflügt..."

McCabe wurde vom Direktor der Konservenfabrik angesprochen: „Wie lange beabsichtigen Sie, die Bauarbeiten zu stoppen?"

„Bis ich sicher bin, sämtliche möglichen Indizien gefunden zu haben; erst dann kann ich versuchen, die Geschehnisse zu rekonstruieren."

Der Direktor lachte. „Nach zwanzig, dreißig, vierzig Jahren? Warum begraben Sie die ganze Angelegenheit nicht einfach und..."

„Auf Mord steht keine Verjährung“, gab McCabe knapp zurück.

McCabe wartete ungeduldig, während Bigbee, der Gerichtsmediziner, die Leiche untersuchte und etwas Unverständliches vor sich hin murmelte. Der Polizeichef fragte sich, ob es wirklich so aussichtslos war, diesen geheimnisvollen Fall zu klären, wie es auf den ersten Blick schien. Schließlich erhob sich Bigbee und sah ihn an.

„Es gibt ein paar seltsame Einzelheiten, Chef.“

„Was haben Sie entdeckt?“ fragte McCabe. „Können wir jetzt die Erde durchsieben lassen?“

Bigbee nickte. „Aber ich bezweifle, daß Sie etwas finden werden. Ich habe keine Reste von Kleidungsstükken feststellen können, Metallknöpfe zum Beispiel, die sich langsamer zersetzen als menschliches Gewebe. Hm!“ Er schaute auf das Skelett. „Meiner Meinung nach wurde die Leiche nackt begraben.“

„Um eine Identifikation zu erschweren, falls es zu einer kommen sollte“, stimmte McCabe zu. „Aber sagen Sie mir nicht, es sei ein Indianer, bei diesem Gebiß . . .“

„Ich erkläre Ihnen meine Vermutungen, wenn Sie endlich aufhören, mich zu unterbrechen“, sagte Bigbee. „Nein, der Bau der Kinnknochen deutet darauf hin, daß der Tote ein Weißer war, kein Indianer. Es war ein Mann. Keine Anzeichen von Gelenkverkalkung, das heißt Arthritis. Daher ist anzunehmen, daß er noch verhältnismäßig jung war. Ich würde schätzen, daß er seit etwa dreißig Jahren hier begraben liegt. Die Art der Zahnprothesen scheint diese Annahme zu bestätigen. Und, schauen Sie hier." Er bückte sich und hob den Unterkiefer auf. „Sehen Sie diesen Knochen an. Er war gebrochen und ist schlecht wieder zusammengewachsen. Das hat sich sogar in dem künstlichen Gebiß abgezeichnet; die untere Zahnreihe ist leicht geknickt. Wenn Sie den Zahnarzt ausfindig machen können, der die Gebißplatten angefertigt hat, dann müßten Sie auch das Opfer identifizieren können. Hm!" Bigbee schmunzelte. „Jetzt können Sie sich *Ihre* Zähne an dem Fall ausbeißen."

McCabe wickelte das Gebiß sorgfältig ein.

Jess Parkinson schien seine Zweifel zu haben. „Und wenn er, wie ich, aus dem mittleren Westen hierher gezogen ist und sein Gebiß dort hat anfertigen lassen? Wie wollen Sie dann den Zahnarzt ausfindig machen, der ..."

„Das lassen Sie meine Sorge sein", unterbrach ihn McCabe und wandte sich ab.

Allen möglichen Hinweisen, auch wenn sie noch so unsicher waren, mußte nachgegangen werden. Wer weiß, vielleicht würde einer davon zur Lösung des Falles führen. Er fuhr mit seinem Dienstwagen in die Stadt, in die Main Street, und suchte einen der beiden Zahnärzte von Valley View auf. Es war der junge rothaarige Dr. Collier, der gerade zum Mittagessen aufbrechen wollte.

„Doktor", sagte McCabe und wickelte die Zahnprothese aus, „ich möchte Sie bitten, eine genaue Beschreibung dieses Gebisses anzufertigen. Sie soll in einer zahnmedizinischen Fachzeitschrift veröffentlicht werden."

Der junge Zahnarzt sah sich die Gebißplatten neugierig an. „Die letzten Hartgummiprothesen wurden hergestellt, als ich mein Studium abschloß und Dr. Schmidts Praxis übernahm. Ich will Ihnen natürlich gern behilflich sein, aber warum wenden Sie sich nicht lieber direkt an Dr. Schmidt? Er kann Ihnen mehr über die technischen Einzelheiten sagen als ich, das heißt, wenn er nicht gerade beim Angeln ist."

McCabe nickte. „Vielen Dank. Ich werde ihn auf der Stelle aufsuchen und..."

Das laute Aufheulen einer Feuerwehrsirene unterbrach ihn. Also muß ich den Fall zurückstellen, dachte er widerwillig. Ein Kleinstadt-Polizeichef mit nur zwei Hilfskräften hatte eben alles selbst zu erledigen. Er würde die Freiwillige Feuerwehr begleiten müssen, um neugierige Zuschauer fernzuhalten. Als er die Feuerwache erreichte, wurde den Fahrern gerade der Weg zum Brandort erklärt.

„Maple Grove, drei Meilen nördlich der Autobahnauffahrt. Das Haus von Dr. Schmidt."

McCabe hielt den Atem an. Anscheinend brauchte er den Fall doch nicht zurückzustellen. Gewöhnlich fuhr er hinter den Feuerwehrwagen her; diesmal jedoch jagte er mit Blaulicht und Martinshorn voraus. Schon von weitem sah er die schwarze, drohende Rauchwolke. Dann erblickte er das alte Haus und die Flammen, die aus jedem Fenster, vom Erdgeschoß bis zum Dachboden, loderten. Auch die Garage mit Schmidts Privatwagen war ein einziges Flammenmeer.

Zwei Stunden später betrat McCabe, rußbedeckt und außer Atem, erneut die Praxis des jungen Dr. Collier.

„Ich kann auf die Veröffentlichung in dem Ärzteblatt verzichten. Ich weiß jetzt mit Sicherheit, daß Dr. Schmidt die Zahnprothese angefertigt hat. Er ist tot. Sein Haus wurde mit Benzin übergossen und angezündet. Es ist völlig abgebrannt."

Dr. Collier war bestürzt. „Dann hält sich der Mörder also noch in der Stadt auf! Hat jemand gesehen ..."

„Nein", erwiderte McCabe grimmig. „Aber ich werde ihn früher oder später sehen." Er fuhr sich mit der Hand über seine verrußte Stirn. „Doktor, was geschah mit den Akten seiner alten Patienten, als Sie Schmidts Praxis übernahmen?"

„Er hat sie mir überlassen. Ich habe sie hier in einer Abstellkammer gelagert."

„Gut", sagte McCabe mit gedämpfter Stimme. „Wahrscheinlich weiß der Mörder das nicht. Also, reden Sie mit niemandem darüber, damit wir die Kartei ungestört durchgehen können."

„Natürlich." Dr. Collier runzelte die Stirn. „Aber, Mac, es sind Kästen über Kästen; sicher mehrere tausend Karteikarten, alle alphabetisch geordnet. Wo soll ich da bloß anfangen?"

McCabe kratzte sich am Kopf. Sie müssen sich ja auch um Ihre Praxis kümmern. Ich schicke Ihnen einen meiner Männer. Der wird Ihnen helfen; außerdem soll er die

Augen offenhalten, für den Fall, daß der Mörder doch noch hier aufkreuzt."

„Es wäre besser, er würde den Mörder beschützen", erwiderte Dr. Collier zornig. „Wenn mir der zwischen die Finger kommt ... Dr. Schmidt war so ein feiner Kerl. Ich habe ihm so viel zu verdanken."

McCabe fuhr zur Baustelle. Knappermann war gerade mit dem Durchsieben der Erde fertig. Er hatte nichts gefunden, bis auf ein kleines Stückchen Blei.

„Es war unter der Schädeldecke. Sieht aus wie ein 22er Kaliber. Aber das wird uns auch nicht weiterhelfen."

„Waschen Sie sich und gehen Sie zum Essen", befahl McCabe. „Dann fahren Sie zu Dr. Colliers Praxis. Und beeilen Sie sich, Knappermann!"

McCabe hatte das dunkle Gefühl, daß in diesem Fall Eile dringend nötig war. In der Ein-Zimmer-Polizeistation im Rathaus angelangt, nahm er an seinem Schreibtisch Platz. Er war ziemlich nervös. Das Durchsuchen der alten Kartei würde wahrscheinlich enorm viel Zeit in Anspruch nehmen. Unterdessen würden die Einwohner der Stadt versuchen, sich an ungeklärte Fälle verschwundener Personen zu erinnern. Wenn jetzt jemand auf den Richtigen tippte und der unbekannte Mörder Wind davon bekäme ...

McCabe ballte seine Hand zur Faust. Er mußte sich etwas anderes einfallen lassen. Es wurde ihm noch einmal klar, wie wenig er bis jetzt von dem Opfer, das heißt dem Skelett, wußte. Geschlecht: männlich; Alter: zwischen zwanzig und vierzig; Verlust sämtlicher Zähne, schlecht verheilter Unterkieferbruch, dreißig Jahre tot.

McCabe starrte auf seinen Kalender und zog dreißig Jahre ab. Das führte ihn ins Jahr 1940 zurück. Was spielte sich in jener Zeit ab? Es war der Anfang des Zweiten Weltkrieges. Die Amerikaner hatten noch nicht eingegriffen. Die Männer wurden zum Wehrdienst eingezogen, die Kriegsindustrie blühte. Warum hatte sich heute morgen niemand an das geheimnisvolle Verschwinden eines Menschen im Jahr 1940 erinnern können?

McCabe sah erneut auf seinen Kalender und zog weitere zehn Jahre ab. Er befand sich jetzt in den späten zwanziger und frühen dreißiger Jahren. McCabe war damals noch nicht geboren, aber er erinnerte sich, was seine Eltern und Großeltern von jenen schweren Zeiten erzählten. Weltwirtschaftskrise. Arbeitslosigkeit. Schlangen vor den Bäkkerläden. Armenküchen. Bankschließungen.

Plötzlich sprang er auf, lief zu seinem Wagen und fuhr zur Main Street. Als er in Verne Warners Büro trat, legte der Grundstücksmakler gerade den Telefonhörer auf.

„Ich hatte gerade ein Ferngespräch mit Dr. Schmidts Sohn. Er wird morgen kommen. Es war ein schrecklicher Schock für ihn. Nun, ich glaube, es ist für uns alle ein Schock. In einer ruhigen kleinen Stadt wie Valley View." Warner sah verstört aus und wirkte um Jahre gealtert. „Da muß man sich beinahe fragen, wer von uns Älteren als nächster dran ist, weil er zuviel weiß. Kommen Sie voran, Mac?"

„Jedes Indiz ist ein Schritt nach vorn – bis es sich als nichtig erweist."

McCabe stand vor dem Schreibtisch. „Verne, wie sah es hier gegen 1930 aus?"

Warner hob die Brauen. „Getreide-, Gemüse- und Viehpreise schossen in die Höhe. Viele Bauern verkauften ihre Farmen, um ihre Steuerschulden zahlen zu können. Kleine Läden in der Stadt mußten schließen, weil niemand mehr kaufte. Warum fragen Sie? Hat es mit dem Vorfall von heute morgen zu tun?"

„Eine reine Vermutung." McCabe zögerte. „Verne, heute morgen haben Sie die Hammonds verteidigt. Ich bezweifle Ihre Worte nicht, aber ich würde gern mehr über sie erfahren. Sie waren reich, nicht wahr?"

Warner nickte. „Sie besaßen eine riesige Viehherde. Lauter Milchkühe. Sie waren die größten Milchlieferanten der ganzen Gegend."

„Also haben sie von den schlechten Zeiten nichts gespürt?" fragte McCabe.

„Niemand wurde verschont", erwiderte Warner. „Trotzdem haben sie sich natürlich besser durchgeschlagen als die meisten anderen und konnten so allen Freunden helfen, denen es dreckiger ging als ihnen."

„Kamen denn nicht Neid und Mißgunst auf", fuhr McCabe hartnäckig fort, „weil sie besser dran waren als ihre Mitbürger?"

Warner starrte ihn finster an. „Sie klammern sich da an einen Strohhalm, Mac. Sie wollen sicherlich andeuten, daß jemand ihnen den Reichtum mißgönnt hat und daß sie ihn getötet und heimlich verscharrt haben, um ihr Ansehen in der Gemeinde zu wahren." Warner hob seine Hände und ließ sie wieder sinken. „Wer weiß, vielleicht ist es gar nicht so weit hergeholt. Trotzdem kann ich es mir nicht vorstellen."

McCabe nickte nachdenklich. „Sie hätten Notwehr geltend machen können, wenn sie sich um die öffentliche Meinung nicht gekümmert hätten." Dann seufzte er. „Vielen Dank für Ihre Hilfe, Verne."

„Hab ich Ihnen denn weitergeholfen?" fragte Warner trocken.

McCabe ließ seinen Wagen stehen und ging zu Dr. Colliers Praxis. Er zwinkerte einem ängstlichen kleinen Jungen zu, der am Rockzipfel seiner Mutter hing. „Keine Angst. Es ist alles nicht so schlimm, wie du denkst." Er wünschte, er hätte dasselbe von seinen eigenen Problemen sagen können und sah fragend zu dem Empfangsmädchen hinüber. Die junge Frau zeigte ihm den Weg. Knappermann blätterte einen staubigen Aktenhaufen durch. Aus einem benachbarten Raum dröhnte das schrille Geräusch des Bohrers.

„Das geht einem durch Mark und Bein", brummte Knappermann. Er griff nach einem neuen Stapel mit Karteikarten. „Und hiervon bekomme ich Kopfschmerzen. Wenn ich bedenke, wieviel Ärger die Leute mit ihren Zähnen hatten."

McCabe lächelte matt. „Vielleicht wird Sie das ermuntern, sich nach jeder Mahlzeit die Zähne putzen." Plötzlich fuhr er auf. „Sie haben diese Karte ja gar nicht gelesen. Passen Sie doch auf!"

„Mac", unterbrach Knappermann, „der Doktor hat mir gesagt, ich sollte zuerst auf das Datum schauen und jede Karte, die weniger als fünfundzwanzig Jahre alt ist, gleich beiseite legen."

„Entschuldigen Sie", murmelte McCabe.

„In Ordnung, Sir." Knappermann grinste und fragte: „Sind Sie gekommen, um mir unter die Arme zu greifen?"

„Eigentlich wollte ich Sie um Hilfe bitten. Ich brauche eine Liste mit den Namen aller Leute ab etwa fünfundvierzig, die gestern morgen auf dem Baugelände waren. Der Mörder muß unter ihnen gewesen sein. Als er vom Fund des Gebisses hörte, hat er's mit der Angst bekommen und hat das Haus von Dr. Schmidt angezündet."

Es war eine lange Liste, und McCabe brauchte den ganzen Nachmittag, um die Namen zu überprüfen. Sämtliche Männer, die er befragte, gaben entweder an, daß sie noch keine dreißig Jahre in Valley View lebten, oder aber sie hatten ein Alibi für die Zeit, in der Dr. Schmidt umgebracht wurde. Jetzt blieben nur noch die Frauennamen auf der Liste übrig. McCabe seufzte und beschloß, auch diese einzeln zu verhören. Dann erfuhr er, daß sich die meisten der Frauen an diesem Abend im Clubhaus treffen wollten, um eine Sammlung für wohltätige Zwecke vorzubereiten.

Dort umschwirrten ihn die Damen eifrig, wollten ihm ein Stück Torte abschneiden, ein Sandwich schmieren und Kaffee oder Tee anbieten. Er bat um ein Täßchen Kaffee zur Stärkung und hatte größte Mühe, die Damen einzeln zu sprechen und auszuhorchen. Die Antworten waren ähnlich wie die der Männer. Entweder lebten die Damen noch keine dreißig Jahre in der Stadt, oder sie hatten sich zu der fraglichen Zeit gerade im Krankenhaus befunden und waren operiert worden, was sie ihm in allen Einzelheiten erzählen wollten. Schließlich blieb nur noch ein Name auf der Liste übrig. Merkwürdig, daß gerade diese Frau noch nicht da war, denn sie war ein besonders eifriges Clubmitglied und fehlte sonst auf keiner Veranstaltung. Als er gerade im Begriff war zu gehen, kam sie zur Tür hereingeschneit.

„Tut mir leid, daß ich so spät dran bin“, rief Agnes Warner, „aber ich mußte das Gästezimmer vorbereiten. Der arme Sohn von Dr. Schmidt wird morgen bei uns wohnen. Ist es nicht gräßlich, was mit seinem Vater passiert ist?“

„Mrs. Warner?“ sagte McCabe.

„Oh, hallo, Mac! Sie sehen ja völlig erledigt aus. Aber das tun wir alle, nach dem, was heute passiert ist. Hoffentlich erwischen Sie diesen ...“

„Kann ich Sie einen Augenblick sprechen? Allein?“

„Wenn es Ihnen nichts ausmacht, daß ich gleichzeitig ein paar Häppchen zu mir nehme?“

„Nein, nein, das macht gar nichts“, sagte McCabe. Er

wartete geduldig, bis sie ihren Teller vollgeladen und an einem Tischchen im hinteren Teil des Raumes Platz genommen hatte. Mehrere andere Frauen machten sich neugierig in der Nähe des Tisches zu schaffen. McCabe dämpfte seine Stimme.

„Heute morgen, Mrs. Warner, sagten Sie, daß Sie die Hammonds gut kannten."

„O ja, Imogene und ich wuchsen zusammen auf, und wir waren unzertrennlich, trotz der Schwierigkeiten zwischen unseren Familien."

„Schwierigkeiten?" fragte McCabe und reichte ihr einen Pappbecher.

„Oh, nicht was Sie denken, Mac. Doch es war nun mal so, daß es ihnen bestens ging, während wir nicht ein noch aus wußten. Nicht daß sie arrogant oder herablassend gewesen wären. Wenn harte Zeiten kamen, halfen sie uns, ohne ein Wort darüber zu verlieren."

McCabe nickte. Das war in etwa dasselbe, was auch ihr Mann gesagt hatte. Die reichen Hammonds waren also rechtschaffen und liebenswert gewesen.

„Sie sagten auch, daß Sie bei Imogene Hammonds Hochzeit Brautjungfer sein sollten. Soviel ich weiß, hat aber diese Hochzeit nicht stattgefunden."

Mrs. Warners Miene verdüsterte sich, während sie Erdnüsse in ihren Pappbecher füllte. „Das stimmt. Imogene war wie verwandelt danach, völlig in sich gekehrt, und wollte niemanden sehen, selbst mich nicht. Dabei brauchte es ihr gar nicht peinlich zu sein. Es wußte nämlich noch niemand davon. Die Hochzeit war noch nicht bekanntgegeben worden. Nur ich war natürlich eingeweiht, weil Imogene und ich so dick befreundet waren."

McCabe fragte wie beiläufig: „Und warum kam die Heirat nicht zustande?"

„Weil..." Sie spitzte den Mund. „Es waren schwere Zeiten, und ihr Vater wollte erfahren haben, daß es Jack nur auf ihr Geld abgesehen hatte."

„Jack? Welcher Jack?" McCabe war hellhörig geworden.

„Jack Tillman. Er kannte Imogene schon seit frühester Kindheit. Er ist nicht, wie Verne, als Fremder hierher gekommen, um nach Arbeit zu suchen."

„Hat ihn Mr. Hammond nicht nach den Gründen gefragt, warum er Imogene heiraten wollte? Kam es denn nicht zu einem Skandal?"

Mrs. Warner schüttelte den Kopf. „Nein, es gab keinen Skandal, weil niemand von uns so etwas von Jack glauben konnte."

„Es gab keinen Skandal", wiederholte McCabe. „Und Jack wurden keine Fragen gestellt?"

„Nein." Mrs. Warner seufzte und knabberte an ihren Nüssen. „Und vielleicht war doch ein Körnchen Wahrheit dran. Er verließ Imogene, ohne sich von ihr zu verabschieden, und schickte ihr ein Telegramm aus Seattle. Es täte ihm leid, aber er würde sie nicht glücklich machen können, jetzt, wo sie die Wahrheit kenne. Imogene konnte es einfach nicht fassen. Es brach ihr das Herz, und sie zog sich völlig zurück. Sie ist nicht einmal zu meiner Hochzeit gekommen."

McCabe brachte Ordnung in seine Gedanken und versuchte seine Ungeduld zu zügeln.

„Wie kam es denn, daß sich Jack den Kiefer brach und sämtliche Zähne verlor?"

„Es passierte, als er neunzehn war. Ein Pferd trat ihm in den Mund, und der ganze Kiefer entzündete sich. Er mußte ein künstliches Gebiß tragen. Und weil er noch so jung war und sich ein wenig schämte, sollte es niemand erfahren ..."

Sie brach ab; ihre Augen wurden tellergroß. „Um Himmels willen! Sie glauben doch nicht etwa, daß diese Knochen, die heute morgen gefunden wurden ..."

„Mrs. Warner", fiel ihr McCabe ins Wort. „Ich würde es sehr begrüßen, wenn Sie diese Sache für sich behalten würden, bis ich Gewißheit habe."

Er zögerte. „Sagen Sie mal, warum haben Sie mir das eigentlich heute morgen nicht schon erzählt?"

„Weil ich es völlig vergessen hatte. Und außerdem war da ja das Telegramm von Jack, so daß jeder annehmen mußte, er sei noch am Leben gewesen. Glauben Sie wirklich ..."

„Ich bin mir nicht ganz sicher", erwiderte McCabe und hoffte, daß ihn sein Gesicht nicht verraten würde. „Ich muß aber jede Möglichkeit in Betracht ziehen", fuhr er fort. „Ist Ihnen denn die Sache nie sonderbar vorgekommen?"

Ihr Mondgesicht rötete sich leicht. „Wer hat sich keine

Gedanken über die Hammonds gemacht nach dem, was heute geschehen ist? Ich glaube aber, es ist unfair, solange keine Beweise vorliegen. Und sicher darf ich Verne keine Vorwürfe machen; er war nämlich sehr verärgert und hat mich eine alte Klatschtante genannt. Er schätzte die Hammonds sehr. Bevor wir verlobt waren, sind wir oft zu viert ausgegangen, Jack und Imogene, er und ich."

„Und er möchte nicht, daß Sie darüber sprechen", sagte McCabe ruhig. „Danke für Ihre Hilfe, Mrs. Warner."

„Aber ich habe Ihnen doch gar nicht geholfen", erwiderte sie lächelnd und reichte ihm einen Pappbecher, gefüllt mit gemischten Nüssen. Mit ebenso gemischten Gefühlen verließ er das Haus und ging zu seinem Wagen.

Er fuhr langsam die Main Street hinunter. Warners Maklerbüro war unbeleuchtet, doch bei Dr. Collier brannte noch Licht. McCabe trat ein. Der Zahnarzt und Knappermann saßen inmitten von Schachteln und Stapeln und schienen von ihrer Beschäftigung nicht sonderlich begeistert.

„Versuchen Sie's mit Tillman, Jack Tillman", sagte er.

Dr. Collier las die Klebeschildchen auf den Schachteln und zog die richtige aus einem der Stapel heraus. Er blätterte die Karteikarten durch, bis er den Namen gefunden hatte. „Donnerwetter!" entfuhr es ihm.

Knappermann seufzte erleichtert. „Danke für den Tip, Mac. Und wohin geht's jetzt?"

„Zu Verne Warner", erwiderte McCabe.

„Den Weg können Sie sich ersparen", ertönte eine

Stimme vom Korridor her. Verne Warner trat in den Raum.

McCabe drehte sich blitzartig um.

„Nein, Mac“, sagte Warner gedehnt. „Ich weiß, ich komme gegen Sie drei nicht an.“ Er stand gegen den Türrahmen gelehnt. „Ich habe die Praxis den ganzen Nachmittag und Abend beobachtet. Ich war sicher, daß Sie hier aufkreuzen würden.“ Er seufzte tief. „Ich hätte meinen Kopf heute morgen nicht verlieren dürfen, hätte mir wegen dem alten Schmidt keine grauen Haare wachsen lassen dürfen. Er hätte Ihnen lediglich von Jacks Zähnen erzählen können. Er... Niemand hätte etwas ahnen können, nicht nachdem die Hammonds tot waren.“

„Bis auf eine andere Person“, entgegnete McCabe.

„Agnes“, murmelte Verne Warner. Dann schüttelte er den Kopf. „Sie konnte sich vielleicht vorstellen, daß es Jack war, der heute morgen gefunden wurde. Aber das ist auch schon alles. Nur Imogene hätte Verdacht schöpfen können, doch sie ist tot. Ich hätte mir all das vor Augen führen müssen, statt den Kopf zu verlieren.“

„Was hätte Imogene erraten können?“ McCabe beantwortete seine eigene Frage mit einer weiteren. „Hatten *Sie* gehofft, sie zu heiraten?“

Verne Warner schloß seine Augen. „Es waren harte Zeiten. Ich war arm wie eine Kirchenmaus und hatte keine sichere Arbeit. Ihre Familie war steinreich. Ich dachte, ich wäre ihr nicht ganz gleichgültig, aber wahrscheinlich hat sie nur Jack ein bißchen eifersüchtig machen wollen. Wie dem auch sei, er und ich hatten eine Auseinandersetzung ihretwegen. Wir erhitzten uns ... Wir waren auf Kaninchenjagd, und ..."

„Sie erschossen ihn", sagte McCabe. „Und um die Identifizierung zu erschweren, entfernten Sie seine Kleidung und alles andere. Nur von dem künstlichen Gebiß wußten Sie nichts. Sie verscharrten die Leiche auf einem Feld der Hammonds, von dem Sie wußten, daß es nicht gepflügt wurde."

„Und das vor dreißig Jahren", murmelte der Grundstücksmakler. „Ich wußte, daß das Land bebaut werden würde, aber ich hoffte ..."

Er schüttelte erneut den Kopf.

„Über dreißig Jahre ... Ich glaube, Imogene hat Agnes nichts von meinen heimlichen Gefühlen gesagt. Und nachdem sie das Telegramm erhalten hatte, das ich in Jacks Namen aus Seattle geschickt hatte, konnte sie mich auch nicht verdächtigen. Trotzdem wollte sie nichts mehr von mir wissen. Sie lehnte es ab, mich zu treffen, sah auch Agnes nicht mehr und kam nicht einmal zu unserer Hochzeit. Bevor Imogene starb, hatte ich ständig Angst, sie könnte wieder Kontakt zu Agnes aufnehmen, denn wenn die beiden ihre Schlüsse gezogen hätten ..."

„Ich habe gerade mit Ihrer Frau gesprochen. Sie hat nicht den geringsten Verdacht."

„Das hatte ich gehofft." Verne Warner sah McCabe geradewegs in die Augen. „Könnten wir es nicht dabei belassen, Mac?"

„Verne“, erwiderte MacCabe langsam, „Sie haben zwei Morde begangen. Vielleicht hätte ich den ersten ohne Ihr Geständnis nicht beweisen können.“ Seine Stimme wurde hart. „Aber für den zweiten werden Sie verurteilt.“

Dr. Collier nickte grimmig.

„Ja“, murmelte Verne Warner, „aber nicht auf die Art, die Sie meinen. Ich habe das schon selbst erledigt.“ Er rang nach Luft, führte seine Hand zur Brust und brach zusammen.

McCabe konnte ihn im letzten Augenblick auffangen und legte ihn behutsam zu Boden. „Was für ein Gift haben Sie genommen? – Knappermann, holen Sie Dr. Coolidge!“

„Nein“, sagte Verne Warner mit schwerer Zunge. „Zu spät. Aber, Mac... verschonen Sie... Agnes... bitte.“

Anderthalb Stunden später war die Untersuchung in Dr. Colliers Praxis abgeschlossen. Neben McCabe, dem Zahnarzt und Knappermann waren der Bürgermeister, der Gerichtsmediziner und Dr. Coolidge anwesend.

„Nun“, sagte Bürgermeister Bronson seufzend. „Man kennt sich eben mit den Menschen nicht aus. Er war ein guter Bürger, ging regelmäßig zur Kirche, und...“

„Und Agnes“, murmelte Dr. Coolidge. „Glücklich verheiratet. Sie hat nichts von dem geahnt. Das wird ein schrecklicher Schock für sie sein.“

„Der Tod, ganz gleich in welcher Form er uns begegnet, ist immer ein schrecklicher Schock“, sagte McCabe. „Ich glaube, wir sind uns alle einig. Die Aufregung des heutigen Tages war einfach zuviel für Verne Warner."

„Agnes hat gehört", meinte Dr. Coolidge, „daß ich ihn warnte, sich zu sehr aufzuregen."

McCabe warf Bigbee, dem Gerichtsmediziner, einen fragenden Blick zu.

„Hm! Was uns angeht, so sind die beiden Morde geklärt. Wenn wir zuviel Wind um die Angelegenheit machen, schaden wir nur Unschuldigen. Deshalb . . . hm . . . werde ich in der Zeitung bekanntgeben, daß das heute morgen gefundene Skelett nicht identifiziert werden konnte. Und was schließlich Dr. Schmidt angeht . . ."

Jetzt ergriff McCabe das Wort. „Er hat wahrscheinlich gerade seine Petroleumlampe füllen wollen. Und da er ein Kettenraucher war, ist ihm versehentlich ein Stück glühende Asche in den Kanister gefallen. Dieser hat Feuer gefangen, und bis die Feuerwehr den Unfallort erreichte, stand schon das ganze Haus in Flammen."

Knappermann sprach zögernd. „Wir wollen die wahren Fakten verheimlichen, um Mrs. Warner zu schonen?"

Dr. Collier nickte stumm. McCabe lächelte Knappermann eigenartig an.

„Und dem, der es nicht für sich behalten kann, werden *wir* die Zähne zeigen."

Dann biß *er* die Zähne zusammen und fuhr zu Mrs. Warner, um ihr die Nachricht vom tödlichen Herzinfarkt ihres Mannes zu überbringen.

„Mord" ohne Leiche

„Wir haben beschlossen, Sie umzubringen", sagte Freddy Thompson.

Ich war auf eine derartige Ehre nicht gefaßt gewesen und fühlte mich geschmeichelt. Trotzdem überlegte ich, ob ich nicht lieber ablehnen sollte. „Ich weiß nicht, ob ich die Zeit aufbringen kann."

„Es wird ganz schnell gehen, Professor", sagte Freddy Thompson eifrig.

Professor Harding und ich waren gerade in eine Partie Schach vertieft, als Freddy an die Tür meines Arbeitszimmers in der Universität klopfte. Harding stand dem Ausschuß vor, der den Mord organisierte.

Er zündete bedächtig seine Pfeife an. „Auf welche Mordwaffe haben Sie sich geeinigt?"

„Die Mehrzahl der Kommission sprach sich dafür aus, daß dem Professor die Kehle durchgeschnitten wird", antwortete Freddy. „Aber dann fiel uns ein, daß bei der Ermordung von Professor Elbert im letzten Jahr bereits ein Messer als Tatwaffe verwendet wurde. Wir möchten Wiederholungen vermeiden; deshalb haben wir uns schließlich für einen ganz normalen Revolver entschieden."

„Und wann soll ich umgebracht werden, Freddy?" fragte ich beiläufig.

Freddy trug dicke Brillengläser, und seine durchdringenden Augen waren fast so groß wie die Gläser selbst. „Irgendwann in den nächsten Tagen. Vielleicht morgen, vielleicht übermorgen. Unserer Meinung nach wäre es besser, wenn es eine Überraschung für Sie bliebe. Wenn Sie es im voraus wissen, besteht die Gefahr, daß Sie das Ganze, wie soll ich sagen, nun... nicht natürlich und unbefangen genug spielen."

„Unsinn", meinte ich etwas unwirsch.

„Trotzdem", gab Freddy zurück, „wir hätten lieber, daß Sie nicht darauf vorbereitet sind."

Jedes Jahr inszeniert das Abschlußsemester unserer juristischen Fakultät einen Scheinmord und eine Scheingerichtsverhandlung. Der Mord wird gewöhnlich vor möglichst vielen ahnungslosen Augenzeugen begangen. Damit soll den Jurastudenten unter anderem gezeigt werden, wie widersprüchlich und unzuverlässig die Aussagen von Augenzeugen oft sind.

Letztes Jahr zum Beispiel wurde Professor Elbert „erdolcht", als sich die Studenten gerade in den Umkleidekabinen der Sportanlage aufhielten.

Der Angreifer konnte, wie so häufig, entkommen,

wurde jedoch später „festgenommen“ und vor „Gericht“ gebracht. Der Vorfall wurde von achtundzwanzig Studenten und drei Mitgliedern des Lehrkörpers bezeugt. Obwohl die Schilderungen des Mordvorgangs, den die einunddreißig Zeugen beobachtet hatten, nicht allzu sehr voneinander abwichen, konnte dem Angeklagten dennoch keine Schuld nachgewiesen werden.

„Wer soll mich umbringen?“ fragte ich.

Freddy lächelte erneut. „Das wurde noch nicht endgültig entschieden. Wir haben diesmal besonders viele Freiwillige.“

„Soll ich eine Plastiktüte mit Tomatensaft mitbringen und an meiner Brust zerdrücken, wenn ich erschossen werde?“ wollte ich weiter wissen.

„Nein, wir haben beschlossen, dieses Jahr darauf zu verzichten.“

Ich glaubte zu wissen, warum. Als Professor Elbert damals sein Tomatensaftblut verspritzte, befand sich das dolchschwingende Team auf dem Korridor unterwegs zum Sportgebäude. Sieben der Mädchen fielen in Ohnmacht, außerdem Tanker Flanagan, unser Rugby-Schlußmann.

Ich lächelte. „Dann wird man sich allein mit meiner Darstellungskunst begnügen müssen.“

„Wir sind sicher, daß alles sehr natürlich wirken wird“, meinte Freddy. Und dann zu Professor Harding gewandt: „Niemand außer der Mordkommission und dem Opfer soll Bescheid wissen. Sind Sie damit einverstanden, daß es bei einem Geheimnis bleibt?“

„Ich werde kein Sterbenswort sagen“, erwiderte Harding.

Als Freddy gegangen war, widmeten wir uns erneut unserem Spiel.

Harding grübelte, wie er seine Dame am besten decken konnte. „Freddy Thompson? Einer der hervorragendsten Studenten, die wir jemals an unserer Universität hatten.“

Ich nickte. „Beinahe ein Kandidat für ein Einser-Examen, würde ich sagen.“

„Beinahe?“

„Ja, wegen der Zwischenprüfung in Verwaltungsrecht wird er nur eine Eins minus bekommen können.“

„Wirklich? Bei wem hat er die Prüfung geschrieben?“

„Bei mir.“

Harding bewegte seinen Läufer. „Ich frage mich, ob es richtig ist, ihm sein Abschlußzeugnis auf diese Weise zu verderben.“ Er kratzte die Asche aus seiner Pfeife. „Übrigens werden sie auf deine Brust zielen müssen und nicht auf deinen Kopf.“

„Warum?“

„Es gibt Platzpatronen, die den Filzpfropf im Revolverlauf herauspressen können. Deshalb erscheint es mir am sichersten, auf die Brust zu zielen.“

„Dann werden sie eben Platzpatronen benutzen, die den Pfropfen nicht herausdrücken können.“

Harding hatte seine Zweifel. „Das glaube ich nicht. Sie möchten das echte Gefühl der Überraschung auf deinem

Gesicht sehen, wenn du getroffen wirst. Und das soll durch den Aufprall des Pfropfens erreicht werden."

Die Vorstellung, den Druck des Pfropfens auf meiner Brust zu spüren, konnte mich nicht sonderlich begeistern. Ich bewegte den Turm und bedauerte es im selben Augenblick.

Harding nahm mir einen lebenswichtigen Bauern. „Wer ist dieses Jahr sonst noch in der Mordkommission?"

Ich konnte mich spontan nur an einen Studenten erinnern. „Roy Wickens."

„So 'n langer Kerl? Der sein Semester wiederholen muß, nur weil er einen Kurs nicht geschafft hat?"

„Er kam mit dem Vermögensrecht einfach nicht zu Rande. Ich war gezwungen, ihm eine Sechs zu geben."

„Bist du nicht etwas zu streng mit deiner Benotung, mein lieber Alfred?"

„Ich glaube nicht, daß es gut ist, wenn wir unsere Studenten zu sehr verhätscheln. Schließlich ist das hier eine Universität und kein Kindergarten."

Harding gewann das Spiel, das nächste ebenfalls. Er hatte mich noch nie zweimal an einem Abend geschlagen. Ich schien mit meinen Gedanken nicht ganz bei der Sache zu sein.

Gegen zehn Uhr dreißig hörten wir auf, und ich begleitete ihn zur Tür.

Er zupfte an seinem Halstuch herum. "Weißt du, Alfred, ich habe gelesen, der sicherste Ort, einen Mord zu begehen, sei ein Bahnhof zur Hauptverkehrszeit. Da müßte es ein überfülltes Universitätsgelände doch auch tun, was meinst du?“

Nachdem er gegangen war, las ich noch ein wenig und ging dann zu Bett.

... Ich stieg die Treppe der Bibliothek hinab. Es war ein strahlender, sonniger Tag. Zu meinen Füßen waren etwa hundert Studenten in mehreren kleinen Gruppen versammelt – die Mädchen eifrig bemüht, unter den Mitstudierenden den Mann fürs Leben zu finden.

Und plötzlich löste sich ein bebrillter Junge mit zerzausten Haaren aus einem der Grüppchen und hastete die Stufen herauf. Ein bitterer Zug lag um seinen Mund, Haß sprühte aus seinen Augen. Er richtete einen riesigen Revolver direkt auf meine Brust.

Dann ein ohrenbetäubender Knall ...

Ich saß aufrecht im Bett und wartete, daß das wilde Pochen meines Herzens nachließ. Dann zwang ich mich zu einem Lächeln. Die Phantasie des Unterbewußtseins schien wirklich keine Grenzen zu kennen!

Es war etwa drei Uhr, bevor ich wieder in einen unruhigen Schlaf versank.

Diesmal träumte ich von einer gutbesuchten Beerdigung, bei der ich selbst die Hauptrolle spielte.

Ziemlich verstört tauchte ich wieder aus dem Traumzustand auf und knipste das Licht auf meinem Nachttisch an. Es war erst vier Uhr morgens. Ich war noch hundemüde.

Es war klar, daß diese Art von Schlaf nicht dazu angetan war, mich körperlich und geistig zu erfrischen.

Ich zog meinen Morgenmantel über, ging ins Arbeitszimmer und nahm an meinem Schreibtisch Platz, um zu lesen. Dabei fiel mein Blick auf einen Stapel mit Prüfungsaufgaben, die ich bis Freitag korrigiert haben mußte.

James Branners Aufsatz ließ mich aufstöhnen. Wie hatte er sich bloß bis ins Abschlußsemester durchmogeln können? Es war mir unbegreiflich. Er verdiente eine glatte Fünf. Selbst das war in meinen Augen noch viel zu mild.

Ich überflog den nächsten Aufsatz, meine Gedanken jedoch blieben bei Branner. War er nicht auch in der Mordkommission?

Branner war ein großgewachsener Junge, genauer gesagt, ein Riese. Und war es nicht so, daß man ihm beinahe eine Jugendstrafe aufgebrummt hätte, weil er an den Studentenkrawallen besonders aktiv teilgenommen hatte?

Es war nicht abzusehen, was ein derart labiler Mensch als nächstes anstellen würde. Ich strich die Fünf aus und gab ihm statt dessen eine Vier.

Ich arbeitete bis sieben Uhr dreißig und nahm dann im Café um die Ecke mein Frühstück ein. Zwanzig Minuten vor Beginn der ersten Vorlesung betrat ich das Universitätsgebäude und ging in den Leseraum.

Professor Lasson, der in einem tiefen, bequemen Sessel seine Zeitung las, war die einzige Person im Raum.

Ich nickte zum Gruß, nahm am anderen Ende des

Raumes Platz und zündete meine Pfeife an.

Seitdem ich seinen Versuch vereitelt hatte, eines seiner Bücher zur Pflichtlektüre unserer Studenten zu machen, hatten Professor Lasson und ich nichts weiter als kühles Kopfnicken füreinander übrig.

Wäre es ihm gelungen, jenes haarsträubende Buch an einer berühmten Universität wie der unsrigen einzuführen, dann wären sicherlich neunzig Prozent aller juristischen Fakultäten diesem Beispiel gefolgt. Welch ein Gedanke!

Der finanzielle Verlust war natürlich sehr groß. Folglich war das Verhalten von Lasson mir gegenüber etwa so „liebenswürdig" wie das eines Gemüsehändlers, bei dem man nichts anderes als einen Petersilienstengel einkauft.

Heute jedoch sprach mich Lasson an. „Wie gefällt Ihnen die Rolle des diesjährigen Mordopfers?"

Ich runzelte die Stirn. „Ich nahm bislang an, die Person des Opfers sei einzig und allein der Mordkommission bekannt."

Ein Lächeln huschte über seine Lippen und legte für wenige Sekunden seine spitzen, scharfen Zähne frei. „Das mag für andere gelten, nicht aber für mich."

„Und warum nicht?"

„Weil ich der Besitzer und Treuhänder des Revolvers bin."

Vielleicht lag es an der Beleuchtung des Raumes, aber ich hatte den Eindruck, daß seine Augen bösartig aufblitzten.

„Natürlich können wir es nicht verantworten, daß Studenten auf dem Universitätsgelände Schußwaffen bei sich führen", meinte Lasson. „Deshalb bleibt der Revolver in meiner Obhut, bis er gebraucht wird."

Plötzlich schoß mir ein Gedanke durch den Kopf. Mußte die Person, die den Mord beging, unbedingt ein Student sein? Schnell korrigierte ich mich: die Person, die den Scheinmord beging, natürlich.

Ich erinnerte mich, daß 1957 Professor Jacobson von seiner Assistentin Mabel Watkins während einer Vorlesung über Eherecht aus dem Hinterhalt einen Schlag über den Schädel bekommen hatte. Die Härte des Hiebes wurde nachträglich mit der angeblichen Nervosität der Schlagenden entschuldigt. Ich entsann mich jedoch sehr genau, daß Jacobson zwei Wochen zuvor ihre sechsjährige Verlobung gelöst hatte. Nach dem Hieb mußte der arme Jacobson für eine ganze Woche krankgeschrieben werden.

Lasson griff in seine Jackentasche und zog einen Revolver heraus.

Ich schloß die Augen.

„Dies ist die Waffe", sagte er.

Ich öffnete erneut die Augen.

„Ein 38er Magnum", fuhr er fort. „Ein Schuß, und der Motorblock eines Autos ist zertrümmert."

„Ja und?"

Er griff wieder in seine Westentasche. „Dies hier sind die Platzpatronen."

Ich nahm dankbar zur Kenntnis, daß die Patronen keine

spitzen Hülsenkappen besaßen.

Seine Hand langte in die andere Tasche. „Und dies sind die echten Patronen. Kleine Prachtexemplare, nicht wahr?“

Das war natürlich Geschmacksache. „Die, mit denen man ganze Motorblöcke zertrümmern kann?“

Er nickte. „Natürlich müssen wir höllisch aufpassen, daß sie nicht mit den Platzpatronen verwechselt werden.“

Ich war der letzte, der das verneint hätte. „Ich weiß nicht, ob Sie sich der Tatsache bewußt sind, daß der Lauf des Revolvers auf mich gerichtet ist.“

Er kicherte. „Er ist gar nicht geladen.“

Schweißperlen standen auf meiner Stirn. Und wenn er tatsächlich beabsichtigte ...

Aber das war lächerlich. Nur weil sein gottserbärmliches Buch abgelehnt worden war ...

Ich begann wieder klarer zu sehen. Der Sinn des ganzen Unternehmens – des Mordes, nein, des Scheinmordes – bestand ja darin, daß möglichst viele Augenzeugen anwesend waren.

Solange wir also allein waren, konnte ich mich in Sicherheit wiegen.

Lasson steckte Pistole und Patronen in seine Westentasche zurück. Alle, bis auf eine der echten. Er untersuchte sie sorgfältig. „Ich würde ja zu gern wissen“, bemerkte er, „ob eine kugelsichere Weste so ein Ding abhält.“

Ich beschloß, daß es an der Zeit war, meine erste Vorlesung für heute zu beginnen.

Wie gewöhnlich saß Freddy Thompson in der ersten Reihe, stets bereit, eine meiner Fragen zu beantworten. Roy Wickens saß an einem der Fenster. Er kam täglich zur Universität, nur um diesen einen Kurs nachzuholen.

James Branner, der seine Stirn so tief in Falten zog, daß er mehr einem Neandertaler als einem Neuzeitmenschen glich, kritzelte mit einem Bleistiftstummel in seinem Notizheft herum. Er schien über irgend etwas zu brüten.

Und Emmeline Grogan.

Warum mußte eine Studentin ihre Ausbildung zwangsläufig als Reinfall betrachten, wenn sie nicht irgendwann einmal ein Techtelmechtel mit einem Professor oder einem Assistenten gehabt hatte?

Den zunehmenden Grad ihrer Bewunderung konnte man mühelos am Wechsel ihrer Sitzplätze in der Vorlesung erkennen. Zu Beginn des Semesters hatte sie sich in der letzten Reihe äußerst wohl gefühlt. Doch im Laufe der Wochen arbeitete sie sich immer weiter vor.

Als sie schließlich die erste Reihe erreicht hatte, sah ich mich gezwungen, ihr zu erklären, daß ich viel zu alt für sie sei und daß ich außerdem am Sterbebett meiner Geliebten das Gelübde abgelegt habe, ein ewiger Junggeselle zu bleiben.

Lucinda, meine Jugendliebe, ein zerbrechliches, feinfühliges Wesen, war vom Schicksal zu einem frühen Tod verurteilt worden und hatte mich allein auf dieser grausamen Welt zurückgelassen. Untröstlich und tief betrübt wartete ich nun auf den Tag, an dem ich ihr folgen würde.

Eine wahrhaft tragische Geschichte, die übrigens frei erfunden ist, mir aber immer wieder in solchen Situationen geholfen hat. Sie reicht gewöhnlich aus, um selbst die Eifrigsten zu entmutigen und sie für wenige Stunden oder Tage über die unsägliche Grausamkeit des Lebens tief bekümmert grübeln zu lassen.

Ich weiß nicht, wie Emmeline die Geschichte verdaut hat. Sie saß noch immer in der ersten Reihe.

Als die Neun-Uhr-dreißig-Glocke ertönte, brach ich meine Vorlesung ab, und die Studenten verließen den Raum.

Emmeline blieb.

Sie warf mir einen mitleidigen Blick zu. „Es ist sinnlos, ständig über Lucinda zu brüten, Professor. Das Leben geht weiter."

Ich seufzte. "Nicht für mich. Ich fühle mich leer und tot."

Blitzte da nicht eine Träne in ihrem Auge auf? „Sie vermissen Sie, nicht wahr?"

Ich lächelte, ein Lächeln, das meinem übergroßen Kummer eigentlich nicht ganz angemessen war. „Mehr als Sie sich vorstellen können, doch jede Stunde bringt mich näher zu ihr. Mein Leben auf dieser Welt bedeutet mir nichts mehr. Manchmal suche ich die Gefahr."

Sie berührte zärtlich meinen Arm. „Vielleicht werden Sie sie bald sehen. Sehr viel früher, als Sie denken."

Sie wischte sich die Träne fort und verließ den Raum.

Was in aller Welt hatte sie damit sagen wollen? „Vielleicht werden Sie sie bald sehen. Sehr viel früher, als Sie denken."

Ein Gedanke schoß mir durch den Kopf...

War sie ebenfalls ein Mitglied der Mordkommission?

Wußte sie etwas?

Ich hatte bis zehn Uhr dreißig keinen Unterricht. Deshalb ging ich in die Bibliothek, um meinen Artikel für eine juristische Wochenzeitschrift vorzubereiten.

Gegen zehn Uhr zwanzig stellte ich die verschiedenen Nachschlagewerke in die Regale zurück und verließ das Gebäude. Ich blieb einen Augenblick lang auf dem oberen Treppenabsatz stehen.

Es war ein strahlender, sonniger Tag. Zu meinen Füßen waren etwa hundert Studenten in mehreren kleinen Gruppen versammelt – die Mädchen eifrig bemüht, unter den Mitstudierenden den Mann fürs Leben zu finden...

Ich fühlte mich elend.

Freddy Thompson brütete über einem Heft und sah plötzlich auf. War sein verhaltenes Lächeln ein Gruß?

Der grüblerische James Branner war da und – grübelte. Ich entdeckte auch den langen Roy Wickens aus dem Nachholkurs. Was bedeuteten seine zusammengekniffenen Augen? War es bösartige Vorfreude?

Und Emmeline Grogan, die vorhin diese sonderbare Andeutung gemacht hatte...

Ich floh in die Bibliothek zurück.

Nachdem ich mir den Schweiß von der Stirn gewischt hatte, trat ich ans Fenster.

Ja, sie alle warteten auf mich. Daran gab es jetzt keinen Zweifel mehr.

Wie konnte ein einzelner Mensch so viele Feinde haben? Vielleicht war ich zu verbissen im Umgang mit meinen Studenten. Vielleicht waren meine Kurse ein wenig zu steif. Vielleicht brauchte die Welt nicht nur gute Rechtsanwälte, sondern auch schlechte? Vielleicht hätte ich die Geschichte mit Lucinda seit langem begraben sollen. Aber was konnte ein Mann wie ich tun? Er mußte leben, aber er mußte auch er selbst bleiben. Und wenn die Zeit gekommen war ...

Ich gab mir einen Ruck. Ein Mann muß ein Mann sein. Er muß ehrlich vor sich selbst sein. Er muß sich durchs Leben kämpfen, bis zum allerletzten Augenblick.

Ich trat an den Buchausleihschalter und wandte mich an Miss Hendricks, die Bibliothekarin. „Könnten Sie mir ein Blatt Papier und einen Umschlag geben?"

Sie reichte mir beides, und ich setzte mich an einen Tisch. Ich richtete den Brief an den Direktor der Universität. Nachdem ich auf dem leeren Blatt das Datum vermerkt hatte, begann ich zu schreiben:

Sehr geehrter Herr Direktor,
auf dem Schreibtisch in meinem Arbeitszimmer finden Sie einen Aufsatz von einem Studenten namens James Branner. Ich habe die Arbeit mit Vier benotet. Das war ein Irrtum. Es ist eine glatte Fünf.
Hochachtungsvoll und unerbittlich, Alfred Ranier

Es war mein Testament; man darf im Leben nichts unerledigt lassen.

Ich legte den versiegelten Briefumschlag auf den Schaltertisch. „Bitte frankieren Sie den Brief und werfen Sie ihn so bald wie möglich ein“, sagte ich. Dann spürte ich das dringende Bedürfnis hinzuzufügen: „Miss Hendricks, Sie führen eine der schönsten und ruhigsten Bibliotheken im Land.“

Mit diesen Worten wandte ich mich ab und ging auf die große Eingangstür zu. Ich blieb nur einen kurzen Augenblick stehen, nahm Haltung an und trat ins Freie.

Es war ein strahlender, sonniger Tag. Zu meinen Füßen . . .

Ich hatte ja alles schon zweimal durchgemacht.

Ich schritt langsam, aber erhobenen Hauptes die Stufen hinab.

Er löste sich plötzlich aus einer Gruppe von Studenten. Er hob die 38er Magnum, die einen ganzen Motorblock zertrümmern kann.

Ich starrte ihn an.

Professor Harding!

Was konnte er mir vorwerfen?

Die Mündung der Pistole leuchtete grell auf, und ich spürte den Aufprall auf meiner Brust.

Dann wurde mir schwarz vor Augen.

Als ich zu mir kam, trug man mich gerade in die Bibliothek. Ich wollte aufstöhnen, doch ich biß die Zähne zusammen. Ich würde wie ein Herr sterben.

Sie legten mich behutsam auf eine Couch.

„Sie können jetzt Ihre Augen öffnen, Professor Ranier." Es war Emmeline Grogans Stimme.

Ich öffnete die Augen.

„Sie waren ausgezeichnet", sagte Freddy Thompson. „Ich habe noch nie etwas so Überzeugendes gesehen."

Ich schaute auf meine Brust.

Es war kein Blut zu sehen.

Freddy musterte mich ein wenig besorgt. „Sind Sie in Ordnung, Professor?"

Ich erhob mich langsam und knöpfte meinen Mantel auf. Auch in meinem Hemd war kein Loch. Und mein Herz klopfte – ich konnte es ganz deutlich hören! Ich war am Leben, daran bestand nicht der geringste Zweifel. Ich dankte dem Himmel, daß ich alles heil überstanden hatte.

„Ich wußte, daß es richtig war, gerade Sie auszuwählen", sagte Freddy. „Schließlich waren Sie schon immer unser Lieblings-Professor."

Ich runzelte die Stirn und sah ihn ungläubig an.

Freddy nickte bestätigend. „Mehrere Professoren haben mir nur deshalb eine Eins gegeben, weil sie mein Abschlußzeugnis nicht verderben wollten. Sie aber gaben mir eine Zwei, wenn ich es nicht besser verdient hatte. Ich bewundere Ihre Ehrlichkeit und Ihren Mut, Sir. Sie haben mich gelehrt, demütig und bescheiden zu sein."

Mit diesen Worten schüttelte er mir die Hand.

Der grüblerische James Branner lächelte. „Sie haben mir

eine Vier gegeben. Alle anderen Professoren geben mir immer eine Vier minus."

Auch der lange Roy Wickens hatte etwas zu sagen. „Ich hatte das zusätzliche Semester dringend nötig. Ich hätte das Staatsexamen sowieso niemals bestanden."

Emmeline Grogan klopfte mir auf die Schulter. "Professor, haben Sie sich schon einmal mit Spiritismus, der Beschwörung von Geistern, befaßt? Ich habe eine Tante, die für übersinnliche Einflüsse empfänglich ist. Sie könnte Sie mit Lucinda in Verbindung bringen. Sie sind auch mein Lieblingsprofessor, und ich mag niemanden leiden sehen – Menschen genausowenig wie Hunde und Katzen."

Ich empfand noch immer ein tiefes Gefühl der Erleichterung und Dankbarkeit über diese Schicksalswende, als Professor Harding die Bibliothek betrat. Er strahlte über das ganze Gesicht.

„Alle waren bestürzt und wie gelähmt von dem Anblick, und so konnte ich mich ohne die geringsten Schwierigkeiten aus dem Staube machen. Trotzdem haben mich natürlich mehrere Studenten erkannt, und deshalb wird es eine Gerichtsverhandlung geben. Aber ich bin sicher, ich wäre ungestraft davongekommen, hätte ich mich nur ein bißchen getarnt."

Genau in diesem Augenblick bemerkte ich Professor Lasson. Er stand an ein Bücherregal gelehnt, seine rechte Hand in genau der Westentasche verborgen, aus der er die echten Patronen gezogen hatte.

Er musterte mich mit glühenden Augen; ein vorwurfsvolles Lächeln spielte um seine Lippen.

Ich meinte deutlich zu erkennen, daß ihn Hardings Worte auf eine Idee gebracht hatten.

Mir war, als würde der Raum von Sekunde zu Sekunde kälter.

Es wurde mir plötzlich klar, daß der Mord zu jeder Zeit geschehen konnte. Zu jeder erdenklichen Zeit.

Vielleicht sogar an einem strahlenden, sonnigen Tag.

Und zu meinen Füßen wären schließlich und zu guter Letzt etwa hundert Studenten versammelt...

Da stimmt doch was nicht

Kaum war Herb Crain aus der Parkgarage in die belebte Hauptstraße eingebogen, da merkte er: Irgend etwas stimmte nicht!

Der Wagen zog nicht richtig an und ließ sich viel zu leicht schalten. Der Motor war ungewöhnlich laut. Und die Bremse war zu scharf eingestellt; an der ersten roten Ampel wäre er fast ins Schleudern geraten.

„Verflixt noch mal!“ fluchte er.

Neben ihm, auf dem Beifahrersitz, saß seine Frau Rose. Ihr rundliches Gesicht (übrigens war so ziemlich alles an ihr rundlich) nahm einen immer mürrischeren Ausdruck an. „Was ist denn nun wieder los?“ fragte sie. „Du jammerst schon den ganzen Abend. Im Restaurant war das Fleisch kalt. Im Theater hat's gezogen. Und später in der Bar war die Bedienung nicht schnell und aufmerksam genug. Ich muß es dir mal sagen: Ich hab's satt! Schließlich ist heute unser vierunddreißigster Hochzeitstag. Warum versuchst du ständig, mir die Laune zu verderben? Ich glaube fast ..."

„Ja, ja", brummte Herb geistesabwesend. Er war ein elegant gekleideter, weißhaariger, etwas gedrungener Endfünfziger mit einer Vorliebe für Fliegen, wie man sie in seiner frühen Jugend trug. Im Laufe ihrer langen Ehejahre hatte er sich so an die ewigen Nörgeleien seiner Frau gewöhnt, daß sie ihn nicht mehr im entferntesten beeindrucken konnten – und so auch heute nicht.

„Ich sage dir, mit dem Wagen stimmt was nicht", fuhr er fort. „Er benimmt sich ganz komisch."

„Sei doch nicht albern", zischte sie ihn an. „Du bist richtig zimperlich, wenn's um dein dummes Auto geht. All dies Getue und Gefummel unter der Motorhaube! Wenn du dich nur die Hälfte der Zeit, die du mit dem Wagen vergeudest, mit uns und unserer Zukunft beschäftigen würdest. Aber das scheint ja schon zuviel verlangt."

Die Ampel zeigte grünes Licht. Herb trat aufs Gaspedal, aber wieder wollte der Wagen nicht richtig anziehen.

„Es könnte uns um einiges besser gehen", fuhr Rose in ihrer Rede fort. „Du wirst bald pensioniert. Deine Rente und die Sozialversicherung ergeben nicht viel. Immer wieder hast du davon geredet, wir sollten unser Geld gewinnbringend anlegen, aber nichts dergleichen ist bisher geschehen. Wir sollten also ..."

„Ich muß unbedingt einen Augenblick anhalten", unterbrach Herb ihren Redefluß.

„Du bist wohl verrückt geworden! Auf dieser Straße darf

man nicht parken."

„Ist mir egal. Ich muß mir den Wagen genauer anschauen. Ich habe das Gefühl, das ist überhaupt nicht unser Auto."

Rose war entgeistert. „Was soll denn dieser Unsinn schon wieder? Vor fünf Stunden haben wir den Wagen in die Parkgarage gebracht und haben einen Parkschein bekommen. Vor fünf Minuten haben wir den Parkschein abgegeben und den Wagen entgegengenommen. Die Marke stimmt, das Modell, das Baujahr, die Farbe, alles stimmt. Und schau", sie öffnete das Handschuhfach, „hier liegt alles am gleichen Platz wie vorher: Straßenkarten, Taschenlampe, Verbandskasten, Groschen für die Parkuhr." Sie schloß das Fach und schaute auf den Rücksitz. „Und da liegt auch die alte Decke für den Hund."

Mit verbissener Miene parkte Herb den Wagen unter einer Straßenlaterne und stellte den Motor ab.

Rose schüttelte verzweifelt den Kopf, als Herb das Lämpchen neben dem Rückspiegel einschaltete und das Wageninnere überprüfte. Ja, es schien alles unverändert zu sein. Trotzdem, war da nicht ein Fleck an der Decke, der vorher nicht dagewesen war?

Herb stieg aus. Das Nummernschild war das seine, gut, und die Beule am linken Kotflügel, die er neulich beim Einparken bekommen hatte, war auch da; aber war sie genau an der richtigen Stelle? Er hätte schwören können, sie wäre etwas weiter links gewesen.

Und dann entdeckte er zwei Dinge, die der Wagen nicht gehabt hatte, bevor er ihn in die Parkgarage brachte: eine ziemlich lange Schramme auf dem Kofferraumdeckel und eine Beule an der hinteren Stoßstange.

Er überlegte einen kurzen Augenblick, setzte sich dann wieder hinters Steuer und fuhr los.

„Na, bist du endlich zufrieden?“ fragte Rose.

„Ja, das bin ich“, antwortete er. „Dies ist nicht unser Auto. Der Kofferraumdeckel hat eine Schramme, und an der hinteren Stoßstange ist eine Beule. Wir fahren zurück.“

„Herr im Himmel! Du willst doch wohl nicht behaupten, daß du sämtliche kleinen Kratzer an deinem Wagen genau kennst! Und außerdem könnten sie auch in der Zeit dran gekommen sein, als der Wagen in der Parkgarage stand. Wer würde sich denn die Mühe machen, ein anderes Auto so herzurichten, daß es wie dein eigenes aussieht?“

„Genau das will ich herausfinden“, erwiderte Herb knapp.

Kurz darauf stellte er den Wagen gegenüber der Parkgarage, einem vierstöckigen, kastenförmigen Betonbau, im Halteverbot ab.

„Wenn ich an die Einfahrtsrampe führe“, erklärte er, „würde man das Auto gleich nach oben bringen. Aber ich gebe es nicht aus der Hand, ehe ich das richtige zurückbekommen habe. Deshalb parken wir so lange hier. Soll es die Polizei ruhig abschleppen, das ist mir völlig egal. Also komm jetzt“, drängte er.

Als er die Tür öffnete, lehnte sich Rose zurück und kreuzte die Arme vor der Brust.

„Ich geh nicht mit, nicht für alles Geld in der Welt", sagte sie. „Ich schau mir doch nicht an, wie du dich lächerlich machst. Du hättest nicht so viele Cocktails und Cognacs trinken sollen. Der Alkohol steigt dir ja immer gleich zu Kopf. Aber so durchgedreht wie heute warst du noch nie."

„Also gut, bleib hier. Das ist sowieso besser. Sollte ein Polizist aufkreuzen, dann kannst du ihm erklären, wo ich bin und worum es geht."

„Ich denke gar nicht daran. Der würde dich wegen Trunkenheit gleich einsperren."

Wütend schlug Herb die Wagentür zu, überquerte die Straße und betrat den Kassenraum, in dem etwa zehn Leute warteten. Hinter dem Kassenschalter saß eine dunkelhaarige, rundliche junge Frau, die ihn gleichgültig durch ihre dicke Hornbrille ansah.

„Entschuldigen Sie", sagte Herb, „ich möchte eine Beschwerde vorbringen."

„Worum geht es?"

„Ich habe hier vor ein paar Minuten ein Auto abgeholt, aber man hat mir nicht das richtige gegeben."

Die Kassiererin starrte ihn ungläubig über den Brillenrand hinweg an. Die Umstehenden musterten ihn neugierig.

„Wie bitte?" fragte die Frau. „Das verstehe ich nicht. Wenn man Ihnen einen falschen Wagen gegeben hat, warum sind Sie dann damit abgefahren?"

„Er sieht genauso aus wie meiner. Er hat sogar dasselbe Nummernschild, und im Handschuhfach liegen meine Sachen. Trotzdem ist es nicht mein Wagen."

„So etwas Verrücktes habe ich in meinem Leben noch nicht gehört."

„Ich mache keinen Witz." Sämtliche Gespräche im Raum waren verstummt, alles lauschte. „Ich bin ein ehrbarer Bürger – Kassierer in einer bekannten Bank. Hier, bitte, schauen Sie." Er reichte ihr seine Geschäftskarte.

„Und wo ist der Wagen jetzt, den Sie bekommen haben?" fragte sie.

„Dort drüben. Meine Frau sitzt drin und wartet auf mich."

Inzwischen hatten neue Kunden den Raum betreten und sich hinter Herb in einer Schlange aufgestellt.

„Ich habe schon von vielen seltsamen Dingen gelesen, die in Parkgaragen passiert sein sollen", fuhr Herb fort. „Da werden Reifen abmontiert, Motoren ausgebaut, aber daß gleich ganze Autos ausgewechselt werden, das habe ich noch nie gehört."

Die Augen der Kassiererin hinter den dicken Brillengläsern musterten ihn immer eindringlicher. War es Herb nur so vorgekommen, oder hatte sich da nicht plötzlich etwas in ihrem Gesichtsausdruck verändert?

Schließlich räusperte sie sich und sagte: „Gut, Mister. Dann bleibt mir nichts anderes übrig, als Mr. Bland anzurufen."

„Wer ist das?“

„Der Besitzer. Er hat verschiedene Unternehmen dieser Art in der Gegend und wird wahrscheinlich jetzt in seinem Büro sein.“

Sie drehte sich um, griff zum Telefon und wählte. Herb konnte nicht verstehen, was sie sagte. Die Wartenden in der Schlange hinter ihm murrten ungeduldig.

Die Kassiererin schaute Herb an und sagte: „Mr. Bland läßt fragen, ob Sie in sein Büro kommen können. Es liegt nur zwei Häuserblocks von hier entfernt und...“

„Ich rühr mich nicht von der Stelle“, sagte Herb dickköpfig. Es war ihm klargeworden, daß die Menschenmenge im Kassenraum ein großer Pluspunkt für ihn war. Je mehr Zuhörer er bei seiner sonderbaren Beschwerde hatte, desto eher würde etwas unternommen.

Die Kassiererin wechselte noch ein paar Worte mit Mr. Bland und sagte dann zu Herb: „Sir, er wird in fünf Minuten hier sein. Bitte machen Sie jetzt den Schalter frei, damit ich die anderen Kunden bedienen kann.“

Herb nahm auf einer Bank Platz. Fünf Minuten hatte die Person hinter der Kasse gesagt. Aber zehn, fünfzehn, zwanzig Minuten vergingen, und noch immer war kein Mr. Bland in Sicht. Herb fand, daß die bebrillte Kassiererin, wenn sie nicht gerade einen Kunden bediente, auffallend eifrig mit Telefonieren beschäftigt war.

Endlich, nach etwa einer halben Stunde, bog ein schwerer Straßenkreuzer in die Einfahrt, und ein modisch gekleideter Mann um die Vierzig betrat den Raum. Er trug ein saloppes, beigefarbenes Jackett und ein braunes Halstuch. Sein schwarzes Haar war sorgfältig gestriegelt.

Nach einem fragenden Blick auf die Frau schlenderte er zu Herb hinüber.

„Ich bin Phil Bland“, sagte er mit öliger Stimme. „Wollen wir die Angelegenheit nicht doch lieber in meinem Büro besprechen? Dort wäre es gemütlicher.“

„Nein“, erwiderte Herb. „Ich will das hier bereden.“

„Ganz wie Sie wünschen.“ Bland streckte lächelnd seine Hand aus. „Dürfte ich wissen, mit wem ich die Ehre habe?“

Ganz beeindruckt von Blands Zuvorkommenheit schüttelte Herb die ausgestreckte Hand und stellte sich vor.

„Okay, Mr. Crain“, sagte Bland. „Mir ist sehr daran gelegen, daß in meinem Laden immer alles ordnungsgemäß läuft. Aber sicherlich passieren da oben manchmal Dinge, von denen ich nichts weiß. Also, was gibt's?“

Herb erzählte die ganze Geschichte von neuem. Und wieder hörten alle Umstehenden interessiert zu.

„Aha“, meinte Bland gedehnt. „Es sah aus wie Ihr Auto, war es aber nicht. Ich zweifle keineswegs an Ihren Worten, aber wie können Sie sich so sicher sein?“

„Das hab ich Ihnen doch schon erklärt“, erwiderte Herb. „Der Wagen fährt plötzlich ganz anders. Das Gas, die Kupplung, die Bremse, alles ist anders.“

„Und das konnten Sie auf einer so kurzen Strecke feststellen?“

„Ja. Aber das Wichtigste sind der Kratzer auf dem Kofferraumdeckel und die Beule an der hinteren Stoßstange."

„Schrammen und Beulen?" Bland schaute ihn mit einem übertrieben nachsichtigen Lächeln an. „Im allgemeinen werden solche Beanstandungen ja bei der Versicherung eingereicht. Aber ich finde die Geschichte mit den vertauschten Autos so ausgezeichnet, daß ich mal eine Ausnahme machen will. Wieviel wollen Sie für die Schrammen und Beulen?"

„Zum Teufel noch mal!" rief Herb ärgerlich. „Um Geld geht's mir doch gar nicht. Ich will meinen Wagen wiederhaben, begreifen Sie das denn nicht?"

Blands Miene verfinsterte sich. „Sie sagen also, sie wollten mich nicht zum besten halten. Gut, dann werde ich versuchen, Ihnen entgegenzukommen. Was wollen Sie nun wirklich von uns? Vorausgesetzt, daß Sie kein Märchen erzählt haben."

Eine gute Frage. Verwirrt mußte sich Herb eingestehen, daß er selbst nicht wußte, was Bland um diese Uhrzeit unternehmen konnte. Vielleicht war es ein Fehler gewesen, so schnell zurückzukommen. Aber da er nun mal hier war, mußte er die Sache auch zu Ende führen.

„Das mindeste, was ich verlangen kann, ist, daß man mir erklärt, was hier vorgefallen ist", sagte er schließlich. „Sonst gehe ich ganz einfach in Ihre Parkgarage und suche meinen Wagen selbst."

„Das ist aus Sicherheitsgründen nicht gestattet", entgegnete Bland. „Jetzt ist hier Hochbetrieb. Das Personal kennt sich auf den Rampen aus, ein Unkundiger aber würde garantiert vor ein Auto laufen."

„Ganz wie Sie wollen. Dann muß ich eben die Polizei raufschicken."

„In Ordnung", sagte Bland. „Vorher aber möchte ich mir den angeblich falschen Wagen anschauen. Wo ist er?"

„Das hab ich Ihnen doch schon gesagt. Dort drüben auf der anderen Straßenseite. Meine Frau sitzt drin und..."

„Ich will ihn mir ansehen."

Herb und Bland gingen nach draußen. Ein paar Neugierige aus dem Kassenraum schlossen sich an.

Der Platz, an dem Herb Wagen und Frau zurückgelassen hatte, war leer.

Ungläubig starrte Herb auf die Stelle. „Jetzt versteh ich gar nichts mehr", sagte er langsam.

„Kann Ihre Frau fahren?"

„Ja, aber sie fährt sonst nie weiter als bis zur nächsten Bushaltestelle. Bei diesem Verkehr würde sie sich nie ans Steuer setzen."

„Na gut, auf jeden Fall kann sie fahren. Hatte sie einen Zündschlüssel?"

„Ja, in ihrem Geldbeutel. Aber..."

„Wenn ihr Schlüssel paßte, dann muß es schließlich auch Ihr Wagen sein, nicht wahr? Wie lange würden Sie brauchen, um von hier nach Hause zu fahren?"

„Zwanzig, fünfundzwanzig Minuten."

„Und wie lange hat sie im Wagen auf Sie gewartet?"

Herb schaute auf seine Uhr. „Ungefähr vierzig Minuten."

„Ist Ihnen nicht der Gedanke gekommen, daß sie vielleicht einfach keine Lust hatte, weiter zu warten? Rufen Sie in ein paar Minuten zu Hause an. Sie werden sehen, sie ist glücklich gelandet."

Bland nahm Herb am Arm und führte ihn in den Kassenraum zurück. Herb nahm vage zur Kenntnis, daß dort sehr viel mehr Menschen herumstanden als vorher.

„Hören Sie", verkündete Bland an die Menge gewandt, „das geheimnisvolle Auto ist offenbar verschwunden. Die Ehefrau hatte ihren eigenen Schlüssel, war es satt zu warten und ist heimgefahren."

„Nein", sagte Herb und versuchte, Ordnung in seine wirren Gedanken zu bringen. „Das würde sie nie tun. Schon gar nicht heute nacht."

„Und was gibt's so Besonderes an dieser Nacht?"

„Es ist unser Hochzeitstag."

„Was haben Sie gemacht?"

„Wir haben zu Abend gegessen. Und dann ..."

„Was gab's dabei zu trinken?"

„Zwei Cocktails, aber ..."

„Trinken Sie immer zwei Cocktails vor dem Essen?"

„Ganz sicher nicht. Danach waren wir im Theater, und anschließend haben wir noch ein kleines Gläschen in einer Bar getrunken. Wirklich nur eins."

„Aha! Sie trinken sonst nie, aber heute ..."

Neben der Kasse klingelte das Telefon. Die Frau mit der

Hornbrille hob ab und lauschte einen Augenblick. Dann sagte sie: „Ein Anruf für Mr. Craig. Eine Frau. Sie sagt, sie sei Mrs. Craig."

Als Herb den Hörer ergriff, waren alle Blicke auf ihn gerichtet.

„Herb?" Es war ohne Zweifel Rose, die da sprach. „Ich bin zu Hause", fuhr sie fort. „Komm sofort!"

„Aber, Rose, warum hast du denn nicht..."

„Nimm ein Taxi und komm so schnell wie möglich. Ich möchte kein Wort mehr darüber verlieren." Sie legte auf.

Herb starrte völlig verwirrt auf den Hörer. Sollte er sich wirklich geirrt haben? Konnten ihn die drei Drinks derart durcheinandergebracht haben? Dabei war er sich so sicher gewesen, daß man ihm einen falschen Wagen gegeben hatte. Aber nun...

„Na, was hat sie gesagt?" fragte Bland.

„Sie ist zu Hause und will, daß ich auf der Stelle heimkomme."

„Ich kann's ja verstehen – der vierunddreißigste Hochzeitstag, das schwere Essen, die Cocktails, das Theater, und dann noch ein Drink hinterher." Er zwinkerte den Umstehenden zu. „Nur einen, haben Sie gesagt, aber vielleicht waren es auch zwei oder drei?"

„Also, bitte", begann Herb verärgert.

„Schon gut, schon gut." Blands Stimme war betont verständnisvoll. „Jetzt bestellen wir mal ein Taxi für Sie. Die Fahrt bezahle ich natürlich. Und morgen schauen Sie sich Ihr Auto in aller Ruhe an. Wenn Sie dann immer noch glauben, daß es hier beschädigt wurde, dann werden wir uns schon einigen. Ist das ein faires Angebot?"

Plötzlich wußte Herb, was er zu tun hatte. Bland selbst hatte ihn darauf gebracht. Er holte einmal tief Luft, rückte seine Fliege zurecht und gab sich einen Ruck.

„Tut mir wirklich leid", sagte er. „Kann sein, daß ich etwas zuviel getrunken habe. Aber jetzt will ich Ihnen nicht weiter zur Last fallen. Und danke für das freundliche Angebot, doch da unten an der nächsten Straßenecke ist ein Taxi-Stand. Sie brauchen mir keins zu bestellen. Ich möchte nur noch einmal sagen, ich hab wirklich geglaubt, ich hätte einen falschen Wagen bekommen."

Als Herb den Kassenraum verlassen hatte, hielt gerade ein Auto an der Einfahrtsrampe. Zwei Personen stiegen aus. Sie hatten Herb den Rücken zugekehrt. Die Wagentür stand offen, der Motor lief.

Blitzschnell schlüpfte Herb hinter das Steuerrad, schloß die Tür und trat aufs Gaspedal. Mit quietschenden Reifen schoß der Wagen davon.

Hinter sich hörte er erregte Schreie. Mehrere Leute kamen aus dem Kassenraum gestürzt und rannten hinter dem Auto her, doch Herb ließ sich nicht beirren. Sein Herz schlug zum Zerspringen, aber er steuerte den Wagen sicher die Rampe zur ersten Etage hinauf. Im Vorbeifahren sah er eine verwirrende Anzahl von Pfeilen und Hinweisschildern. Er hatte nicht die Zeit, sie zu entziffern. Ihm blieb nur eine Wahl: rechts oder links. Er bog nach links ein. Das war ein Fehler. Als er die nächste

Biegung genommen hatte, stellte er fest, daß er in der falschen Richtung fuhr. Ein anderes Fahrzeug kam ihm mit hoher Geschwindigkeit entgegen.

Herb trat mit aller Kraft auf die Bremse. Der Fahrer des anderen Wagens tat das gleiche. Nur um Haaresbreite entgingen sie einem Frontalzusammenstoß. Herbs Wagen geriet dabei ins Schleudern und krachte längsseitig in eines der parkenden Autos.

Zum Erstaunen des anderen Fahrers stieg Herb unverletzt aus. Noch leicht benommen von dem Aufprall, schaute er sich um.

Ja, und da sah er es: etwa dreißig Meter entfernt, in einer Ecke, stand sein Auto, sein richtiges Auto, vorn eingedrückt und mit völlig zertrümmerter Windschutzscheibe!

Und etwas weiter sah er zwei Männer in Arbeitskitteln, die eben von einem Telefon an der Wand zurücktraten und zwischen sich eine Frau fest im Griff hielten: Rose.

Herb schrie auf. Die Männer drehten sich um.

Rose war geknebelt. Auf ihrer Stirn erkannte Herb eine Wunde.

Laut brüllend rannte Herb auf die Männer zu. Plötzlich zog der eine einen Revolver. Herb blieb stehen und wollte noch einmal schreien, doch in diesem Augenblick drückte der Mann ab. Es wurde schwarz vor Herbs Augen.

Eine weibliche Stimme fragte: „Na, wie geht's?"

Herb öffnete die Augen; er lag in einem Krankenhausbett.

Und die Frau, die durch eine dicke Hornbrille besorgt auf ihn hinabsah, war die Kassiererin aus der Parkgarage.

„Schlecht“, stöhnte er.

„Die Kugel hat Ihre Schädeldecke gestreift, doch der Arzt sagte, es sei nicht gefährlich. Es wird Ihnen bald wieder gutgehen. Ihrer Frau ist auch nichts Schlimmes geschehen. Sie wird Sie noch heute besuchen. Aber jetzt will ich mich erst einmal vorstellen.“ Sie zeigte ihm ihren Dienstausweis.

„Ich bin Sue Martino, Detektivin der Kriminalpolizei“, fuhr sie fort. „Ich möchte Ihnen im Namen meiner Abteilung herzlich dafür danken, daß Sie so wachsam und unbeirrbar waren und gleich beanstandet haben, daß man Ihnen einen falschen Wagen gegeben hat. Ohne Sie wäre Blands Gangsterbande wohl ungeschoren davongekommen.“

„Davongekommen?“ fragte Herb. „Womit?“

„Mit dem Mord an dem Fahrer, der Ihren Wagen gestern in der Parkgarage abgestellt hat. Er war ebenfalls Detektiv, ein Kollege von mir. Sein Name ist Gowan. Er hatte sich in die Bande eingeschleust. Die Parkgarage war ein großer Umschlagplatz für Drogen. Der Stoff wurde durch Mittelsmänner in Autos transportiert. Alle anderen Garagenfahrer waren in die Sache verwickelt. Die Polizei wartete auf die Ankunft der nächsten Rauschgiftladung, dann wollte sie zuschlagen und das ganze Verbrechernest ausheben.“

„Und gestern nacht?“

„Ein neues Bandenmitglied hat Gowan erkannt. Die Mörder warteten auf ihn, als er Ihren Wagen rauffuhr. Er hat sie entdeckt und versuchte zu entkommen. Doch sie haben auf ihn geschossen. Die Scheiben Ihres Wagens waren danach zertrümmert, die Sitze blutdurchtränkt und der Kühler durch den Aufprall auf die Mauer völlig eingedrückt. Natürlich konnten sie Ihnen das Auto nicht so zurückgeben."

„Und warum haben sie nicht einfach behauptet, der Wagen sei gestohlen worden?"

„Weil die Parkgarage dann von der Polizei überprüft worden wäre. Die Gangster brauchten Zeit, um sämtliche Spuren ihrer Tat zu verwischen und Wagen und Leiche fortzuschaffen. Also haben sie alle Hebel in Bewegung gesetzt, um einen Wagen zu besorgen, der ähnlich wie der Ihre ist. In einer Großstadt ist das keine große Schwierigkeit. Sie hofften, daß Ihnen im Dunkeln der Unterschied nicht auffallen würde, und hatten weiter geplant, Sie zu verfolgen und den Wagen später zu stehlen, damit Sie nie erfahren würden, was geschehen ist. Sie hätten lediglich einen Diebstahl vor Ihrem Wohnhaus gemeldet, und nicht aus einer öffentlichen Parkgarage, in der obendrein ein Detektiv der Kriminalpolizei verschwunden war."

„Dann hatten sie also beschlossen, auch Rose und mich umzubringen, als ich den falschen Wagen zurückgab."

„Genau. Sie wollten um jeden Preis verhindern, daß Sie zur Polizei gingen. Deshalb haben sie Ihre Frau gewaltsam entführt und versucht, Sie durch den Anruf wegzulocken.

Ich machte mir inzwischen um Gowan Sorgen. Gewöhnlich konnte ich ihn öfter vom Kassenraum aus sehen, jetzt aber hatte ich ihn schon seit Stunden nicht mehr zu Gesicht bekommen. Als Sie dann mit Ihrer verworrenen Geschichte aufkreuzten und Bland bereit war, Sie in der Parkgarage zu sprechen, da war ich sicher, daß es etwas mit Gowans Verschwinden zu tun haben mußte. Gewöhnlich kümmerte sich Bland nie um Kundenbeschwerden."

„Dann haben Sie also, während ich auf Bland wartete, mit der Polizei telefoniert?"

„So ist es. Der Kassenraum war voll mit Polizisten in Zivil. Aber wir wußten noch immer nicht, was mit Gowan passiert war und ob wir vorzeitig eingreifen sollten. Deshalb waren wir so froh, als Sie sich den Wagen schnappten und die Rampe rauffuhren. Das gab uns den gewünschten Handlungsspielraum. Unsere Männer stürmten Ihnen nach, retteten Ihre Frau und konnten die ganze Verbrecherbande ausheben. Die meisten werden auspacken, um die Höhe der Strafe zu verringern."

Sie hielt inne. „Eine Frage: Warum sind Sie nach dem Anruf Ihrer Frau nicht nach Hause gefahren? Sie hatte Sie doch ausdrücklich darum gebeten! Sie wurde während Ihres Gesprächs mit einer Pistole bedroht und durfte nur ganz kurz mit Ihnen sprechen. Sie hatte demnach keine Möglichkeit, Sie zu warnen."

„Um ehrlich zu sein", sagte Herb, „war ich gerade deshalb so sicher, daß etwas passiert sein mußte." Er lächelte. „Wäre sie nämlich wirklich allein nach Hause gefahren, so hätte sie mit Sicherheit mehr als nur ein paar Worte mit mir reden wollen. Aber was mir schließlich den Anstoß gab, den Wagen zu stehlen und raufzufahren, war etwas, das Bland gesagt hatte. Er wußte, daß es unser vierunddreißigster Hochzeitstag war, obwohl ich es ihm gar nicht gesagt hatte. Er konnte es also nur über Rose selbst erfahren haben, und das wiederum bewies, daß er mit den geheimnisvollen Vorgängen in seiner Parkgarage bestens vertraut war."

Wiener Würstchen

Es war an einem Donnerstag im Supermarkt. Ich wurde Zeuge, wie der alte Mann eine Dose Wiener Würstchen in seiner Manteltasche verschwinden ließ.

Dabei wollte ich es gar nicht sehen. Ich sehe so etwas überhaupt höchst ungern. Geht es Ihnen auch so? Wie dem auch sei, ich bog also gerade um das Regal mit Salat- und Fleischsaucen, als ein kleiner alter Mann in einem viel zu großen Mantel nach der Dose griff. Die Hand verschwand blitzartig in seiner Manteltasche. Ich muß ziemlich verwirrt dreingeschaut haben, denn das war ich in der Tat. Wäre ich nicht so überrascht gewesen, dann hätte ich ihn niemals so entsetzt angestarrt. Ich hätte vielmehr an ihm vorbeigeschaut und so getan, als suchte ich nach einem günstigen Angebot, sagen wir, von Thunfisch in Dosen.

Er schaute zurück, ein Blick, der zugleich durchtrieben, ängstlich und wütend war. Ich fand ihn äußerst ungepflegt. Seine Kleider waren schmutzig und abgetragen.

Auch ging ein strenger Geruch von ihm aus, den ich nicht genauer beschreiben möchte. Ich registrierte diese Einzelheiten in weniger als einer Sekunde. Keine Angst, ich werde nichts verraten, dachte ich bei mir, aber ich konnte es natürlich nicht laut sagen.

Ich schielte in seinen Einkaufswagen, während ich meinen eigenen den Gang hinunter schob. Es waren ein Päckchen herabgesetztes Bauernbrot und eine Flasche Magermilch drin. Sie waren leider zu groß für seine Manteltaschen. Laß auch gleich ein Stückchen Seife mitgehen, wenn du schon dabei bist, alter Mann, dachte ich. Dann wanderten meine Gedanken ab und konzentrierten sich auf die schwierige Frage, ob ich die wöchentliche Spaghettikost einmal durch Makkaroni oder gar Lasagne auflockern sollte. Wenn man eine siebenköpfige Familie zu bekochen hat, dann gibt es nur eines, von dem man sicher sagen kann, daß es alle (auch den Geldbeutel) glücklich macht – und das sind nun mal Spaghetti.

Ich sah ihn am Fleischstand wieder, wo ich die Vorzüge eines Sonderangebots von drei zusammen verpackten Suppenhühnern gegen das von drei Kalbshaxen abwog, die immer noch so teuer waren, daß man eigentlich ein ganzes Kalb (Hufe und Schwanz inbegriffen) dafür hätte erhalten müssen. Er stand dicht über die Lammkoteletts gebeugt, die rot und weiß in ihrer Plastikverpackung glänzten und eine magische Anziehungskraft auf ihn auszuüben schienen. Ich glaube sogar, er sabberte ein wenig, aber ich beschloß, der Sache nicht weiter auf den

Grund zu gehen. Ich schnappte mir einen Sack mit Suppenhühnern und eilte zur Gemüse- und Obstabteilung. Ganz schön riskant, etwas vom Fleischstand mitgehen zu lassen! Soweit ich – und sicher auch er – wußte, lauerten hinter jedem Spionspiegel mindestens zwei Ladendetektive, die nur darauf warteten, sich auf diebische Ladenbesucher zu stürzen. Nachdem ich mich mit einem Sack Orangen und Äpfeln beladen hatte, eilte ich in Richtung Ausgang. Es war schon bald Essenszeit, und die alldonnerstäglichen Menschenmengen begannen sich langsam zu verlaufen.

Ich mache meine Einkäufe immer am Donnerstag, und zwar direkt nach der Arbeit. Das Büro des Klempner-Unternehmens, für das ich die Buchführung erledige und die Rechnungen ausschicke, liegt nur drei Häuserblocks vom Supermarkt entfernt, und jeden Donnerstag morgen nehme ich mein klappriges, altes Einkaufswägelchen mit ins Büro.

Jimmy war bereits von den Hafendocks zurückgekehrt, wenn ich mit dem Speck nach Hause kam, und die Kinder halfen ihm dabei, unser traditionelles Donnerstagabend-Bauernomelette in die Pfanne zu hauen. Eigentlich verlief alles ganz reibungslos, solange Jimmy und die Kinder mit zupackten und Mrs. McIntyre von nebenan tagsüber den kleinen Kevin übernahm, der noch nicht in den Kindergarten ging. Doch obwohl wir beide arbeiteten, wurde es immer schwieriger, das alte Einkaufswägelchen voll zu bekommen.

Als ich den Ausgang des Supermarktes erreichte, waren nur zwei Kassen geöffnet. Die eine war ausschließlich für Expreßabfertigungen bestimmt. Also mußte ich mich vor der anderen einreihen, direkt hinter einer "Park-und-Kauf-Dame", Sie wissen, welche Sorte von Frauen ich meine. Sie "parken" ihren Einkaufswagen in der Kassenschlange, rennen die Gänge auf und ab, beladen sich mit Dosen und Tüten, werfen alles in den Wagen und hasten wieder davon, um die nächste Ladung ranzuschaffen. Sie halten sich für ganz besonders gewieft, verschwenden aber nur überflüssig Energie und halten die Schlange auf. Manchmal kommt es auch zu Kämpfen. Nach meiner persönlichen Statistik sind es fast immer dicke Frauen mit Lockenwicklern in den Haaren; diese war keine Ausnahme. Sie tauchte erneut mit einem Fünf-Kilo-Sack Kartoffeln unter einem Arm und einer Sechser-Packung H-Milch unter dem anderen auf. „Ich bin fast fertig", keuchte sie. „Also drängen Sie sich nicht vor." Mit diesen Worten hastete sie von dannen.

Ich kam zu der Erkenntnis, daß es keinen Sinn hatte, sich aufzuregen, und blieb geduldig an meinem Platz stehen. Die Kassiererin war gerade mit einem besonders voll geladenen Karren beschäftigt, und ich war dritte in der Schlange. Also würde ich noch etwa fünf bis zehn Minuten warten müssen. Ich starrte auf die Tageszeitung, die ich aus dem Büro mitgenommen hatte, damit auch Jimmy sie lesen konnte. Der alte Mann reihte sich in die Schlange für Expreßabfertigungen ein. Ich stellte fest, daß er neben dem Brot und der Milch einen Sack mit Hundefutter in seinem Wägelchen hatte. Ich fragte mich, was er außer der Dose mit Wiener Würstchen sonst noch alles in seinen Manteltaschen verstaut hatte.

Die Seite mit Leserbriefen war heute besonders amüsant. Ein Herr aus Staten Island machte den Vorschlag, man solle alle Drogenabhängigen nach Alaska schicken und Zwangsarbeit beim Bau der großen Öl-Pipeline verrichten lassen. Dann könnten wir unser Öl günstiger von dort beziehen und die Araber austricksen.

Ich war derart in meine Lektüre vertieft, daß ich gar nicht zur Kenntnis nahm, wie die vier Halbwüchsigen zur Tür hereinstürmten. Übrigens konnte auch niemand von uns ahnen, daß es Halbwüchsige waren, da sich alle vier Nylonstrümpfe über den Kopf gezogen hatten und drei von ihnen bewaffnet waren. Selbst ein Kind kann ganz schön erwachsen wirken, wenn es eine Knarre in den Händen hält.

Ich merkte erst, daß irgend etwas nicht stimmte, als das Klingeln der beiden Kassen verstummte und es im ganzen Laden plötzlich sonderbar still wurde. Eine Strumpfmaske stand an der Tür, eine andere rannte zum Häuschen des Geschäftsführers. Beide waren bewaffnet. Ein dritter hatte sich am Ende der Kassenreihe postiert und fuchtelte mit seiner Pistole in der Luft herum, damit niemand von uns auf die dumme Idee kommen konnte, hier würde nur gespielt. Der vierte schnappte sich eine leere Einkaufstasche, öffnete sie und rief laut und für jeden vernehmlich:

„Alles Geld in diese Tasche! Hat das jeder hier kapiert?“

Wir kapierten. Die beiden Kassiererinnen machten sich an ihren Kassen zu schaffen, zogen kleine Bündel mit geordneten Banknoten heraus und stopften sie in die Einkaufstasche. Der Geschäftsführer kam aus seinem Häuschen herausgestolpert, wo er geschlafen oder von der nächsten Preiserhöhung geträumt hatte. Er stieß mit einer der Strumpfmasken zusammen, die ihm den Revolver in die Rippen bohrte und ihn in das Häuschen zurückschob, wo unter anderem auch der Stahlsafe untergebracht war.

„Jetzt Ihre Brieftaschen und Geldbeutel, meine Damen und Herren! Und alles hier rein bitte!“

Ich öffnete mein Portemonnaie mit den vierzig Dollar, die eben ausreichten, um meine Einkäufe für die Woche zu erledigen. Die “Park-und-Kauf-Dame“ tauchte mit einem Kopfsalat und einem Netz Zwiebeln auf – gerade rechtzeitig, um sich an der unfreiwilligen Sammelaktion zu beteiligen. Sie versuchte sich auf Zehenspitzen im Rückwärtsgang davonzuschleichen, um hinter dem Gemüsestand Deckung zu suchen, doch die Strumpfmaske an der Eingangstür kläffte: „Halt, schön hiergeblieben, Lady!“ Sie stieß ein gedämpftes Quieksen aus, blieb jedoch stehen.

Der alte Mann, der gerade seine Milch, sein Brot und sein Hundefutter auf dem Kassentisch abgeladen hatte, zitterte wie Espenlaub. Ich selbst fühlte, wie mir die Knie weich wurden, doch ich empfand Mitleid mit dem alten Kerl, der den Mumm gehabt hatte, seine Manteltaschen mit Leckerbissen vollzustopfen, und jetzt das wenige Geld verlor, das er besaß. Ich sah, wie seine zitternde Hand in die Tasche griff und stellte mir vor, er würde ein oder zwei verknitterte Geldscheine rausziehen. Statt dessen aber kam die Dose mit den Wiener Würstchen zum Vorschein, und als er sie losschleuderte, zitterte die Hand des alten Kauzes kein bißchen mehr. Die Dose traf die Strumpfmaske am Ende der Kassenreihe genau zwischen die Augen. Der Kerl taumelte zurück und landete in einem Stapel mit leeren Kartons. Der Alte beließ es nicht bei diesem Volltreffer; er mußte Manteltaschen so groß wie Einkaufsbeutel haben. Eine Büchse mit Erbsen traf den maskierten Typ, der den Geschäftsführer in Schach hielt, hinter dem Ohr.

Dann griffen wir alle ein. Der Kerl mit der Einkaufstasche ging in die Knie, als ihn die Kassiererin hinter der Schnellabfertigungskasse aus nächster Nähe mit einer Dose Ananassaft beschoß. Sodawasserflaschen sausten durch die Gegend; mehrere knallten unterwegs zusammen und explodierten noch in der Luft.

Ich schleuderte zuerst Bierdosen (Jimmy hätte mich sehen sollen!), dann eine Zwei-Kilo-Zuckertüte. Wir waren derart vom Kampffieber ergriffen, daß wir völlig vergaßen, daß der Feind bewaffnet war.

Der Maskierte an der Tür hatte es nicht vergessen. Er feuerte mitten in die wie Geschosse herumfliegenden Büchsen und Flaschen hinein und jagte zur Tür hinaus. Das war zuviel des Guten. Ob der Bursche nun ein

Scharfschütze war oder ob er nur zufällig getroffen hatte, der alte Mann brach auf jeden Fall plötzlich wie vom Blitz getroffen zwischen den Kassen zusammen.

Die anderen drei Strumpfmasken lagen stöhnend am Boden, eingepfercht zwischen verbeulten Dosen und zerbrochenem Glas. Dem einen quoll Blut aus der Nasenöffnung seiner Maske. Der Geschäftsführer hielt jetzt die beiden Pistolen, eine in jeder Hand, und es sah aus, als könnten sie jeden Augenblick losgehen.

Der alte Mann lag noch immer reglos da. Sein verschlissener Mantel war weit aufgeschlagen, so daß wir alle die riesigen Taschen sehen konnten, die er von innen eingenäht hatte. Eine der Kassiererinnen ging zum Häuschen des Geschäftsführers und schaltete die Alarmanlage an.

Als wenig später der Ladenwärter, Kenny Regan, den Supermarkt betrat, fühlten wir uns alle sehr bedrückt. Der Alte hatte sich noch immer nicht gerührt; er mußte tot sein. Wir konnten zwar kein Blut sehen, aber, soweit wir wußten, hatte ihn die Kugel im Rücken getroffen. Bestimmt war unter seinem Mantel eine riesige Blutlache.

Kenny stapfte zuerst auf die drei Strumpfmasken zu. Seine großen, schweren Schuhe zermalmten Glassplitter, Zucker und Sodaschaum zu einer klebrigen Masse.

„Okay, ihr Bengel“, polterte er los. „Dann laßt mal eure Milchgesichter sehen!“

Schweigend streifte einer nach dem anderen seinen Nylonstrumpf ab. Jetzt erst sahen wir, daß sie alle beinahe noch Kinder waren. Der Älteste konnte höchstens fünfzehn sein; die beiden anderen schätzte ich auf dreizehn. Drei erschrockene Augenpaare starrten in die Menschenmenge.

„Wie finden Sie das?“ brüllte Kenny weiter. „Der reinste Kindergarten!“

Der Geschäftsführer keifte dazwischen: „Was soll ich jetzt damit anfangen?“ und hielt ihm die beiden Revolver entgegen, so als wären es zwei Dutzend faule Eier.

Die Kassiererin der Schnellabfertigungskasse piepste: „Mr. Regan, was machen wir mit dem alten Mann? Können Sie sagen, ob er tot ist?“

Ich merkte, daß Kenny Regan die vielen Fragen völlig durcheinanderbrachten. Er atmete erleichtert auf, als die beiden Polizeiwagen, gefolgt von einem städtischen Sanitätswagen, mit laut heulenden Sirenen um die Ecke bogen.

Innerhalb von Minuten wimmelte der Laden von Männern in blauen Uniformen, deren Mienen durch nichts zu erschüttern waren, und jeder von uns mußte seine Version von dem versuchten Raubüberfall zu Protokoll geben. Zwei weitere Streifenwagen hielten vor dem Supermarkt. Die drei verstörten Bengel bekamen Handschellen verpaßt und wurden abgeführt. Kenny Regan postierte sich stumm und unerschütterlich neben der Eingangstür, hielt Neugierige davon ab, hereinzudrängen, und hinderte die Zeugen daran, hinauszuschlüpfen.

Die schrille Stimme des Geschäftsführers übertönte den allgemeinen Lärm. „Ich wußte, daß der Alte ein Langfinger war. Aber eines sage ich Ihnen: Wenn er noch am

Leben wäre, könnte er von mir aus mitgehen lassen, soviel er nur wollte."

„Ist das Ihr Ernst, Jack?"

Es wurde plötzlich totenstill, stiller noch, als es zu Beginn des Überfalls gewesen war. Die Krankenträger, die gerade versuchten, die fahrbare Bahre durch die Kassensperre hindurchzumanövrieren, hielten verblüfft inne und sahen zu, wie sich ihr „Kunde" langsam aufrappelte.

„Ist das wirklich Ihr Ernst?" wiederholte der Alte krächzend. Er lehnte sich gegen den Kassentisch und klopfte sich mit seinen zittrigen, schmutzigen Händen den Mantel ab.

„Ich... ich dachte, die Kugel hätte getroffen! Ich glaubte, Sie seien tot!" rief der Geschäftsführer aufgebracht.

„Die Kugel hat zwar getroffen", kicherte der Alte, „aber ich bin nicht tot." Er griff in die Brusttasche seiner mottenzerfressenen Jacke und zauberte eine Dose Corned beef hervor. Die Dose hatte ein Loch, aus dem rosarotes Fleisch hervorquoll. Er hielt sie stolz in die Höhe und führte mit schlurfenden Schritten einen kleinen Siegestanz auf. „Von heute an", rief er, „von heute an werde ich immer eine Dose Corned beef in meiner Brusttasche tragen. Und jetzt sagen Sie mir, Jack, gilt Ihr Angebot noch immer?"

★

Eine halbe Stunde später befand ich mich mit meinem Einkaufswägelchen, voll beladen mit Lebensmitteln, und einer lustigen Geschichte, die ich Jimmy und den Kindern erzählen konnte, auf dem Heimweg. Der schrullige Alte war mit einer Einkaufstüte voll Gratiskost unterwegs zu irgendeinem schmuddeligen Zimmer in einem Obdachlosenasyl. Wir haben uns nämlich alle über den Geschäftsführer hergemacht und ihn darauf festgenagelt, sein Wort zu halten. Die Männer in Blau lächelten und taten so, als hätten sie nichts gehört. Mein eigener Kassenzettel flog aus einer der obersten Plastiktüten, die ich hinter mir herzog. Vierzig Dollar, neunundreißig Cents. Ich mußte der Kassiererin eine U-Bahn-Fahrkarte und vier Pennys geben, die ich noch in meinem Geldbeutel zusammenkratzen konnte. Sollten die Zeiten noch schwieriger werden, dann muß ich die Taschen meines Mantels eben auch vergrößern.

Titel der amerikanischen Originalausgabe:
ALFRED HITCHCOCK'S TALES TO MAKE YOUR TEETH CHATTER

erschienen bei THE DIAL PRESS, DAVIS PUBLICATIONS, INC.,
New York
Übersetzung: Bettina Runge
Umschlaggestaltung: Regina Bürger, unter Verwendung
einer Illustration von Herbert Horn
Lektorat: Corinna Weise, Sibylle Tietz
Bestellnummer: 8282

ISBN 3 505 08282 1
Weitere spannende Bücher von Alfred Hitchcock
sind in Vorbereitung.

PATRICIA
WENTWORTH

Verhängnisvolle Diamanten

Das funkelnde Diamantenhalsband der Königin Marie Antoinette besitzt eine große Anziehungskraft. Aber nicht nur für die schöne reiche Erbin Moira. Auch zwei verdächtige Gestalten sind hinter den kostbaren Diamanten her. Miss Silver, die scharfsinnige, sympathische Detektivin, hat bald einen schrecklichen Verdacht . . .
Ein Fall für Miss Silver – die strickende alte Dame mit der verblüffenden Kombinationsgabe.

Das Besondere dieses Buches:
Als Nachfolgerin von Agatha Christie sorgt Patricia Wentworth auch in diesem Band wieder für atemberaubende Spannung. Miss Silver besitzt Menschenkenntnis und einen scharfen Verstand – so löst sie auch den mysteriösesten Fall.

Schneider-Buch

MARY STEWART

Reise in die Gefahr

Sommerferien in Südfrankreich – endlich will die hübsche Charity Selborne die dunklen Schatten ihrer Vergangenheit vergessen. Schnell jedoch gerät die junge Witwe in einen Strudel unheimlicher, bedrohlicher Ereignisse, und bald ist Charity auf der Flucht. Wird sie die tödliche Gefahr erkennen und ihre Verfolger abschütteln können?

Das Besondere dieses Buches:
Die bekannte Autorin versteht es meisterhaft, den Leser auch in diesem Roman wieder in atemloser Spannung zu halten.

Schneider-Buch